CHIAPAS:
Los Indios de Verdad

Una profunda explicación de las causas que motivaron el alzamiento en Chiapas en enero de 1994, una experiencia de primera mano para entender, mejor que en cualquier otra fuente hasta ahora, cuál es la situación objetiva, real, y cuáles son las formas íntimas de pensar de los indios de la zona, una invitación para conocer y comprender el complejo mundo del estado de Chiapas y su gente, eso es este libro.

Dedico el libro *Chiapas: Los indios de verdad*
al Dr. Victorio de la Fuente.Estupiñan,
protagonista de los hechos,
quien proporcionó toda la información
que hizo posible la obra.
Gracias a él, a su gran sensibilidad y excelente
memoria, a su colaboración y revisión
permanentes, pude adentrarme en un ambiente
y personas desconocidas para mí.
Hago, sobre todo, un reconocimiento a su
trayectoria como docente del Instituto Politécnico Nacional
y a su gran amor por México y por la humanidad;
a su permanencia en los ideales inspirados en
su práctica médica al sevicio de las comunidades rurales
y a su actuación como defensor de los derechos humanos,
labor donde destaca nacional e internacionalmente.
Chiapas: Los indios de verdad,
es un proyecto de solidaridad
con los más ofendidos y humillados de este país;
pero es también es la vivencia de Victorio de la Fuente Estupiñan.
A él debo el placer y la satisfacción
invaluables de haber escrito este libro.

Laura Bolaños Cadena.
Abril de 1994 - abril de 1995.

EDAMEX

**LIBROS PARA
SER MÁS LIBRES**

www.edamex.com

CHIAPAS:
Los Indios de Verdad

Laura Bolaños Cadena

Título de la obra: **CHIAPAS: LOS INDIOS DE VERDAD**

Derechos Reservados © en 1998 por EDAMEX, S.A. de C.V.
y Laura Bolaños Cadena.

Portada: Departamento artístico de EDAMEX.
Manuel Ochoa Smith.

Fotografías: Lorenzo Armendariz y Alfredo Martínez
México Desconocido junio 1993 No. 196 Año XII.

Ficha Bibliográfica:

Bolaños Cadena, Laura
Chiapas: los indios de verdad
272 pág. de 14 x 21 cm.
Índice. Ilustraciones.
20. Literatura   20.4 Novela

ISBN-970-661-012-X

EDAMEX, Heriberto Frías 1104, Col. del Valle, México 03100.
Tels. 559-8588. Fax: 575-0555 y 575-7035.

Correo electrónico: edamex@compuserve.com

Internet: www.edamex.com

Impreso y hecho en México con papel reciclado.
Printed and made in Mexico with recycled paper.

Miembro No. 40 de la Cámara Nacional de la Industria Editorial Mexicana.

El símbolo, el lema y el logotipo de EDAMEX son Marca Registrada,
propiedad de: EDAMEX, S.A. de C.V.

ÍNDICE

Evocad a los muertos en letargo guardados por el ojo del jaguar.
Antes de la creación del Sol y de la lluvia se encendieron sus ojos
ojos que brillan más allá del tiempo, más allá del flotar de los
katunes.
Los dioses enmudecieron y los oídos del chilán no descifran ya las
palabras del cielo.
El balam es el depositario del secreto.
Purificados en lo alto-bajo yacen los espíritus de los ausentes que
aguardan el renacimiento.

(Laura Bolaños Cadena: Epígrafe,1991)

Prólogo

Las orillas del reino

Hace aproximadamente 20 años estuve en Comitán, Chiapas, y tuve oportunidad de conocer una iniciativa humanitaria, de amor y de justicia social, conocida como *La Castalia*. Laura Bolaños la menciona en este libro sobre un médico que trabajó con los tojolabales de Chiapas por esos años. Recuerdo que había una sequía ya prolongada en la región y que ni siquiera teníamos agua en el hotel para podernos bañar. Siguiendo la tradición de muchos años, el pueblo comiteco acudió con fe y devoción a pedir la intercesión de San Caralampio, santo de origen griego al que siempre acudían con rogativas y procesiones cuando escaseaba el agua. Con seguridad de roca y con convicción inamovible me dijo uno de los habitantes de la zona al comentarle que no teníamos agua: "hoy vamos a hacer una procesión pidiendo a San Caralampio que nos mande lluvia copiosa para todo el pueblo y para las siembras".

Tal afirmación y tal invocación procesional me cayeron completamente de nuevo. No me acordaba haber oído de la existencia real de un hombre santo de otros tiempos llamado Caralampio. Años después supe que existió y que precisamente en esa geografía de Comitán abundaban los individuos de nombre

Caralampio, como me lo confirmó después un arqueólogo guatemalteco llamado Carlos Navarrete, que lleva ya muchos años de residencia en México dedicado a la investigación de la sociedad actual de ese estado del sureste mexicano y de su pasado remoto, muy anterior al tiempo en que fue parte de Guatemala.

Con toda mi incredulidad, esa tarde, en la que por la mañana se había tenido la procesión en honor de San Caralampio, con una participación copiosa de todo el pueblo de Comitán, llovió abundantemente. Y la gente me decía que así sucedía siempre.

Un primer encuentro con los religiosos que se ocupaban de La Castalia y de sus proyectos indigenistas, nos es narrado aquí: los primeros contactos cordiales y francos y el distanciamiento subsecuente por divergencias ideológicas, pusieron de manifiesto que el proyecto de La Castalia y el de los que iban roturando el camino como médicos del Instituto Politécnico Nacional, aunque ambos reivindicaban la justicia y los derechos del pueblo tojolabal, llevaban distintos caminos y empleaban diversas metodologías y presupuestos en sus respectivas misiones.

Este libro escrito por Laura Bolaños Cadena, apoyada en los recuerdos del doctor Victorio de la Fuente Estupiñán, es el fruto de la amistad y del compromiso de dos personas por defender los derechos humanos de un pueblo y por atender a los reclamos de justicia que tienen ecos de más de cinco siglos. Son un testimonio de iniciativas académicas y humanas, que surgieron hace más de 20 años en el área médica del Instituto Politécnico Nacional, respondiendo así, de alguna manera, a las inquietudes que siempre tuvo el general Lázaro Cárdenas, fundador de dicho instituto, —cuyo centenario de natalicio acabamos de celebrar—. Si hay un número elevado de médicos, desgraciadamente éstos están concentrados en las ciudades, como en un panal de miel lo están las abejas; y el campo y la montaña están desprotegidos en la casi totalidad del México rural, de toda asistencia médica. Este fenómeno se da en todas las profesiones: arquitectos, ingenieros, abogados, notarios, antropólogos, economistas, sociólogos, etcétera.

Los tojolabales son uno de los grupos que habitan en Chiapas, al lado de los tzeltales, los tzotziles, los choles y los mames, para no citar sino a las cinco etnias más numerosas del estado, pero cada una tiene historia diferente, una lengua y tradiciones distintas; igualmente cada una tiene necesidades y exi-

gencias diversas, según sus propias experiencias y posibilidades y los recursos que les ofrece la naturaleza.

Si hiciéramos un recuento de los médicos que trabajan con los tojolabales con espíritu de amor y verdadera justicia entregándose totalmente a ello cada día, y el mismo recuento hiciéramos con los demás profesionistas; y si tuviéramos efectivamente un poco de vergüenza y honradez sincera, nos ruborizaríamos del escaso número de auténticos colaboradores —sociales y solidarios. Un amigo mío, el doctor Mario Humberto Ruz, ha editado varios volúmenes en la UNAM con el título de Los legítimos hombres y el subtítulo de aproximación antropológica al grupo tojolabal. *En el volumen IV, publicado en 1986, presenta tres estudios: uno de etno-historia, sumamente esclarecedor para comprender la antigüedad de la presencia tojolabal en esa región. Este se debe a Gudrun Lenkersdorf. Los otros dos, uno sobre un mito y el otro sobre notas de campo, se deben a Louanna Furbee y a Roberta Montagú. En el volumen II está una amplia etnografía del grupo tojolabal actual, y en el volumen III una síntesis etnográfica. Otros datos importantes elaborados por investigadores con experiencia están en el volumen I. He puesto todas estas precisiones para que, quien vaya a trabajar con ellos, antes de ir a Chiapas lea y medite estos datos que lo van a introducir en la vida del pueblo tojolabal, al que pretende servir.*

Puse a esta introducción el título de "Las orillas del reino" porque Chiapas ha subsistido únicamente por la grandeza de sus hombres; no por la atención del gobierno central o estatal; para comprobarlo basta sopesar la parte del presupuesto que corresponde a Chiapas y el total de los impuestos que salen de ahí y van al gobierno central. Paralelamente, hay que ver el número de elementos institucionales de la iglesia de Chiapas y la desproporción que existe respecto al total de México, concentrado en buena parte en las ciudades, y analógicamente algo semejante puede decirse de las investigaciones y de las inversiones realizadas en Chiapas, con respecto al resto de Mesoamérica y del noroeste, tomando en cuenta el peso demográfico y las potencialidades de sus recursos naturales.

Tomando en cuenta todos estos factores podrá apreciarse mejor que al hablar de Chiapas y de otras regiones periféricas, respecto de la capital, con toda justicia puede hablarse de estas comarcas como de las orillas del reino o las fronteras del imperio, o más crudamente los arrabales de la ciudad. Estas consideraciones tienen valor tomando en cuenta la historia de varios siglos y las actitudes prehispánicas, coloniales, independistas y revolucionarias, exceptuando quizá estos últimos tiempos en que el movimiento de Chiapas, a partir del 1o. de enero de 1994, empieza a despertar la conciencia nacional y el sopor de la inconciencia gubernamental.

Leía ayer la carta de Tohomás de Guadalaxara, antiguo misionero de la Tarahumara, al procurador Juan de San Martín. Está fechada en un caserío de la sierra que se llama San Jerónimo Huexotitlán el 24 de febrero de 1727. Entre otras noticias, tiene conceptos que comprueban con argumentos de más de 200 años lo que estoy diciendo. Provienen de otras orillas del reino: la Tarahumara, pero se pueden aplicar cabalmente a Chiapas y a los tojolabales. La carta dice así:

"...En esta cordillera de tarahumares antiguos y tepehuanes hay tan extremas necesidades, nacidas de la continua batería de estas fronteras, y la gente de estos pueblos apenas tienen con qué pasar la vida, y las continuas sacas a trabajar y salidas a pelear en las campañas y no tienen más amparo que en sus padres ministros...

"Y yo juzgo que si (su) majestad supiera lo que pasa en el reino, y los afanes en tantos riesgos de perderse lo espiritual y temporal, no hay duda proveyera con mucha liberalidad y sintiera mucho que se escatimara la buena semilla de su limosna... y quisiera fuera más. Quiera Dios nuestro señor que no se pierda todo, porque los males crecen al paso que en lo principal y que conduce... (al) bien común (que) se descuida y todo el conato se pone en lo que es dañoso y perjudicial, pareciéndoles ser servicio de su majestad. Y cuanto más les parece que ahorran, tanto más es lo que le quitan y es peor si es codicia particular".

La carta de Tohomás de Guadalaxara, que acabo de citar, parece un documento profético y revelador de los mismos problemas que actualmente se observan en los mundos indígenas de México: "extremas necesidades", "continua batería de estas fronteras", "pueblos que apenas tienen con qué pasar la vida", "continuas sacas a trabajar", "salidas a pelear en las campañas". Ignorancia de lo que pasa en el reino, escasez de recursos, "tantos riesgos de perderse lo temporal y lo espiritual", "porque los males crecen al paso que en lo principal y que conduce...(al) bien común (que) se descuida y todo el conato se pone en lo que es dañoso y perjudicial". Hoy en día no es necesario ser profeta para conocer lo que sucede en el país, y sobre todo en las áreas indígenas, sino que únicamente se requiere abrir los ojos, informarse críticamente y conocer un poco las distintas regiones del país.

A principios y a mediados de este siglo, algo nos revelaron de la crisis en Chiapas los libros de Rosario Castellanos, como por ejemplo Oficio de Tinieblas y Balúm Kanán y los escritos de B. Traven, como el titulado La rebelión de los colgados, en que trata de los migrantes internos en Chiapas y de los acasillados en las fincas cafetaleras. Y los informes periodísticos de estos días nos confirman que la situación prerrevolucionaria casi no ha cambiado, no obstante la Revolución, en el año de 1995. Los estudios actuales de Ana María Salazar y otros investigadores, publicados por el Instituto de Investigaciones Antropológicas (UNAM), manifiestan la persistencia de la explotación de los trabajadores de los cafetales.

Quizá ante esa explotación se reavivaron las convicciones del doctor de la Fuente Estupiñán, aunadas a "cierto sectarismo político", que menciona Laura Bolaños, y que se tradujeron, entre otras manifestaciones, en un Lenin tojolabal, nombre puesto a un niño sin caer en cuenta de que ese nombre podría acarrear suspicacias en los que ignoraban el origen y las coyunturas de tal denominación. A veces pasa, en efecto, que la bondad de nuestras acciones y la justicia de las mismas, queden aminoradas por factores que en un determinado momento nos pasaron inadvertidos.

Para concluir, quiero enfatizar que el libro que tiene el lector en sus manos, diría yo que está configurado por una serie de paisajes y de acuarelas que reflejan el pensamiento y los sentimientos de Victorio de la Fuente Estupiñán, y que los detalles de estas pinturas, magistralmente interpretados por la autora del libro, indican que esa estancia de un año entre los tojolabales, aunque pueda decirse fugaz y efímera, caló hondo en el galeno novel que quiso hacer ahí su servicio social. La prueba es que, a veinte años de distancia, conserva frescos sus recuerdos y es capaz de transmitirles la vida que ahí recibió.

Luis González Rodríguez
Instituto de Investigaciones
Antropológicas UNAM.

Introducción

Los seres humanos... los mismos y diferentes. Tan diferentes que no sólo hablan distinto y no se entienden sino que no se entienden aunque traten de hablar el mismo idioma; sin embargo, se entienden a pesar de todas las barreras. El mejor y el peor, el superior y el inferior. ¿En qué? ¿Por qué? ¿Desde qué puntos de vista?

Los separan abismos de siglos, vías diferentes de desarrollo; etapas, conceptos, valores diferentes. También la historia y las circunstancias.

El atraso existe. La marginación existe. La evolución humana ha sido biológica pero también social.

No hay nada espontáneo. El progreso, la civilización con sus logros positivos y negativos, la técnica, son acumulación de milenios de experiencias organizadas. Pero también la experiencia, la acumulación, la historia, pueden perderse, como se perdió durante siglos la cultura griega, base de la civilización occidental. Y los propios griegos no volvieron a generarla; la rescataron los árabes gracias a los manuscritos que habían quedado en Siria y Persia y la devolvieron a Europa. De no haber sido por este hecho, quién sabe cuántos siglos más hubiera durado la Edad Media europea.

Las grandes culturas de los pueblos aborígenes del continente americano, con excepción de la maya que conoció desde mucho antes su decadencia, fueron aniquiladas por los invasores provenientes de la península ibérica. El intento de rescatar ese pasado en los restos de las poblaciones indígenas es en vano, pues de ellos quedó muy poco por efectos de la propia conquista y colonización. Restan algunas costumbres, idiomas empobrecidos por la marginación y el analfabetismo y penetrados por la lengua dominante. Junto a un cristianismo no siempre bien asimilado, sobreviven mentalidad, valores y creencias; pero lo que constituyó aquellas civilizaciones, culturas y formas de vida y organización, está perdido.

Para someter a fondo a un pueblo y eliminar en lo posible la recuperación de sus valores, hay que destruirlo todo e imponer los valores del dominador. En México hubo una profunda sustitución de valores.

La cultura antigua sufrió durante tres siglos el ataque permanente de quienes intentaban borrar hasta los menores vestigios de su existencia. Se prohibió proseguir las investigaciones sobre ella a los clérigos que se interesaban en estudiarla. Las obras de Fray Bernardino de Sahagún y otros acerca de la etapa prehispánica, luego de haberse llevado a cabo por órdenes superiores, fueron vetadas por Carlos III. José de Gálvez, Visitador General de la Nueva España enviado por este monarca, puso tal veto en ejecución en 1767. (Antes, las cédulas reales que imponían el uso del castellano no fueron obedecidas). Se prohibió su impresión. Algunas se perdieron y otras se rescataron apenas en el siglo pasado. Se prohibió también a los evangelizadores el uso de los idiomas indios para enseñar la doctrina cristiana, como se estuvo haciendo durante los primeros años.

La religión cristiana fue fundamental para arrasar con la cultura y los valores de los aborígenes, a pesar de las dificultades casi insalvables que presentaba su imposición. Los indios no podían entender de qué se les estaba hablando cuando se les predicaba algo tan ajeno y diametralmente opuestos a sus concepciones y mentalidad. De acuerdo a la opinión del investigador Luis González Rodríguez, los sacerdotes no fueron verdaderos evangelizadores sino sacramentalizadores: bautizaban, casaban, administraban la extremaunción y enterraban a los indios según el rito cristiano; pero sin que todo esto fuera comprendido más que superficialmente por aquéllos a quienes se buscaba convertir. Evangelización significaría aceptación plena, consciente; esto no fue lo predominante en la Nueva España. Las explicaciones acerca de la nueva religión, aunque fueran en su idioma, no eran comprensibles para los indios. No obstante, fue en nombre del cristianismo que se llevó a cabo la mayor destrucción de las bases del pensamiento de los pueblos prehispánicos.

Para los conquistadores, las ideas, filosofía y religión de los indios resultaban tan incomprensibles como para los indios la religión cristiana. Por ambas partes la distancia cultural era como el enfrentamiento de seres de dos planetas diferentes. Considerado como obra satánica, el culto prehispánico fue arrasado a fondo.

La gran mayoría de los códices desapareció. Templos, palacios, imágenes; todo sufrió la furia destructora de los dominadores. Lo asombroso es que a pesar de la devastación hayan quedado restos que atestigüen la grandeza de ese pasado.

Mas no basta con reducir a escombros y cenizas los frutos de una cultura; hay que acabar con los portadores. Las naciones* indias no eran igualitarias. Eran sociedades teocráticas rígidamente estratificadas. La ciencia, los conocimientos, estaban reservados a la casta superior formada por jefes guerreros y sacerdotes. Como ha sucedido en todas las culturas, el pueblo era ajeno a la sabiduría y al conocimiento profundo de la ideología que estructuraba su universo. Conquista y Colonia eliminaron a las cabezas de esas culturas; sacerdotes, sabios y castas guerreras fueron asimilados o exterminados. Las sociedades indias fueron literalmente descabezadas.

¿Qué quedó, quiénes quedaron? Los que formaban la masa, la base. Los *macehuales*, los campesinos; lo menos culto, lo menos peligroso. Los que fueron sujetos a esclavi-

---

* No eran naciones en el sentido moderno de la palabra.

tud y servidumbre; los que huyeron a sitios muy alejados, y si por algo se asentaban en buenas tierras, eran despojados y obligados a remontarse a lo más inhóspito.

Aquéllos que se sometieron o fueron sometidos, carecían de elementos de cohesión con otros grupos y de conciencia unitaria. Los indios no se consideraban pertenecientes a un todo único. No lo eran. Pertenecían a etnias y naciones diferentes, en muchos casos enemigas unas de otras. Carecían del concepto de raza y aun de la noción de habitar en un continente, lo cual en su circunstancia era lógico. Antes de la navegación ocurrió lo mismo en las diversas partes del mundo, y aquí ese hecho jugó a favor de conquista y colonización.

Una vez aniquilada la resistencia principal, las tribus nómadas continuaron oponiéndose a los invasores durante cerca de dos siglos. Ante la imposibilidad de reducirlos por la fuerza, se aceptó la propuesta de los evangelizadores de pacificarlos a cambio de asentamientos permanentes donde se les permitió su idioma, autogobierno, usos y costumbres con la condición de que reconocieran al rey de España y se convirtieran al cristianismo.

Por las propias circunstancias históricas, los indios mexicanos son los más integrados del continente. A diferencia de países como Perú o Bolivia, se sienten mexicanos. Algo les queda de lo suyo ancestral, a unos más y a otros menos según el grado de aislamiento y marginación que hayan sufrido. Han sido más o menos asimilados por la religión cristiana; sus fiestas y ritos, danzas y otras manifestaciones culturales están mestizadas casi en su totalidad, cuando no son transformación de la cultura de los colonizadores. No podía ser de otra manera y no hay en esto desprecio al indio. Era imposible resistir a la doble imposición de la espada y la cruz.

Con posterioridad, los sobrevivientes de Conquista y Colonia han sufrido embates a manos de los propios mexicanos, ya independizado México de España. Nunca hemos resuelto de manera favorable la situación de estos compatriotas diferentes a nosotros. A veces hasta con las mejores intenciones se les ha lesionado en su forma de vivir y lan-

zado al desamparo, como cuando la Reforma Liberal jua-
rista, consciente del gran obstáculo que para el progreso
económico del país significaba el enorme acaparamiento de
riquezas por parte de la iglesia, decretó la desamortización
de los bienes propiedad del clero, e hizo extensiva la ley a
la todos los bienes comunales incluida la propiedad colec-
tiva de los pueblos indios con la seguridad de redimirlos a
través de la propiedad individual. En lugar de ello, los
arrojó a la miseria y la marginación. Éste fue el golpe más
grave que recibieron después de la Conquista.

Existe un antecedente: José de Gálvez, el mencionado
Visitador General de la Nueva España, aplicó en 1767 la
Pragmática Sanción donde se ordenaba la expulsión de los
jesuitas de todas las tierras de América bajo el dominio
español. Al desamortizar los bienes de la Compañía de
Jesús, consideró como propiedad de las misiones de esta
orden los bienes que las comunidades indias habían cedido
a los misioneros. Los vendieron, lo que también constituyó
un daño y un despojo a los naturales.

Los liberales del siglo pasado, con Juárez a la cabeza,
fueron más lejos: pretendían acabar con lo indio. Nuestro
gran prócer se ponía como ejemplo a sí mismo. Para pro-
gresar, para salir de la miseria y el atraso, los indios debían
dejar idiomas y costumbres heredados del pasado y asimi-
larse al resto de los mexicanos. Fue un intento fallido que
acarreó mayores males a la población nativa.

Las sucesivas políticas, el desprecio a lo indio y el
abuso sobre ellos, han establecido en México una especie
de colonialismo interno. Si la situación del campesino
mexicano es mala, cuando el campesino es indio resulta
mucho peor. En un país que se jacta de su indigenismo, los
indios son los seres más maltratados, despreciados y marginados.

La pérdida cultural produce efectos que no tienen
retroceso. ¿Cuántos siglos, quizá milenios tendrían que
volver a pasar si una catástrofe nuclear destruyera todo
vestigio de civilización y un pequeño grupo restante tuviera que empezar desde cero o casi cero? Miles de años trans-
currieron antes de que los seres humanos salieran de la

Edad de Piedra. Miles más pasaron para alcanzar un logro como la escritura.

La civilización se genera en los centros urbanos y cuando los excedentes de la producción permiten que un grupo de individuos se dedique a tareas intelectuales. ¿Qué de extraño tiene que pequeños grupos de campesinos del pobre y atrasado campo mexicano, padezcan grave retraso cultural y social, perdida su memoria histórica, perdida la mayor parte de su cultura, si además tienen que emplear todas sus fuerzas para sobrevivir?

No es discriminación al indio reconocer en él las consecuencias del despojo secular que ha sufrido y sigue sufriendo; despojo imputable no sólo a la Colonia sino a la incapacidad, negligencia, desprecio, incomprensión y explotación por parte de los propios mexicanos.

Al intentar un acercamiento, nos encontramos con barreras establecidas tanto por esas condiciones como por las diferencias de mentalidad y valores. En muchos aspectos nos enfrentamos a otro mundo, "descubrimos" algo no conocido, a veces opuesto a nuestras concepciones y estructuras mentales. Y con grande y grave frecuencia pretendemos cambiar al indio, convertirlo en *nosotros* creyendo mejorarlo sin tomar en cuenta su circunstancia.

Chiapas, al extremo sur de la República Mexicana, colindante con Guatemala, es uno de los estados donde existe el mayor número de etnias y grupos indígenas, todos pertenecientes al tronco maya, nación aborigen constructora de una de las dos más grandes culturas de Mesoamérica, de la que se ignoran los motivos de su decadencia. Había desaparecido ya como gran cultura a la llegada de los españoles y desconocemos muchísimo de ella por la destrucción que el obispo Diego de Landa hizo de los manuscritos donde se encontraba su historia. Resta, no obstante, suficiente para asombrarnos.

Nada queda a sus descendientes como herencia de ese pasado grandioso. Y su suerte como mexicanos no es de lo más envidiable. De entre las etnias sobrevivientes, se cuentan entre los más maltratados y reducidos a la miseria. Los idealizadores de los indios se indignan porque se mencionen los efectos de la marginación en ellos. Un antropólogo y escritor, Francisco Rojas González, ha sido señalado como racista antiindio porque en algunos de sus cuentos los protagonistas indios revelan una mentalidad que desde nuestra soberbia etnocentrista puede parecer tonta. En un libro de este autor, llamado "El Diosero", FRG habla de la costumbre de una etnia de poner al niño recién nacido el nombre del animal cuyas huellas aparezcan cerca de la choza tras el alumbramiento. Una noche llega el médico a atender a una parturienta que da felizmente a luz a un varón. Al día siguiente descubren las huellas de la bicicleta en que se transportó el galeno, y de acuerdo a sus hábitos bautizan al niño como "Juan Bicicleta". En otro cuento, una madre ha ido en peregrinación al santuario de una Virgen a pedirle un milagro para su hijito tuerto, del que los demás niños se burlan. Un cohete, accidentalmente, le revienta al niño el ojo sano. La madre se pone feliz y agradece el milagro, porque si del tuertito se burlan, al cieguito todos los compadecerán y ayudarán.

Se rechaza la posibilidad de que sucedan hechos como estos porque no se entiende la ingenuidad y limitación de horizontes producida por las condiciones de vida de estos grupos, que por desgracia y pese a algunos avances, no han sufrido muchos cambios desde los años cuarentas, tiempo al que se refieren los cuentos de Rojas González.

El Plan Tojolabal, desarrollado en Chiapas de 1973 a alrededor de 1989, les llevó algunos beneficios, pero no afectó las estructuras económicas que mantienen estas condiciones, y los programas que se llevaron a cabo sucesivamente hasta el sexenio de Carlos Salinas de Gortari, (1988 a 1994), aunque dejó algunas obras de infraestructura, no mejoraron realmente el estado de cosas, lo que explica la rebelión armada que estalló el 1º de enero de 1994.

Un hecho reciente revela la situación de las comunidades indígenas chiapanecas. En abril de 1994 fueron asesinados a machetazos los nueve miembros de una familia chamula sin que se lograra ubicar a los autores del crimen múltiple.

En noviembre de ese mismo año, alrededor de mil

chamulas se presentaron en una comunidad tzeltal y aprehendieron a siete personas y lincharon a golpes y colgándolos a por lo menos cuatro de ellos. La causa fue habérseles culpado del crimen porque una mujer "enterró una veladora que le reveló los nombres de los asesinos". Esto no lo inventó ningún perverso racista discriminador de indios; se publicó en la prensa nacional.

¿De quién será la culpa de que en México, país que acababa de ingresar en ese año a la OCDE, existan grupos en esta situación cultural?

Las memorias base de este trabajo se remontan a los años 1976-77, cuando el doctor Victorio de la Fuente Estupiñán hizo su servicio social como médico pasante en la comunidad tojolabal "20 de Noviembre", municipio de Las Margaritas, Chiapas.

Fue el primer médico que llegó a esa comunidad; sólo otros tres médicos pasantes en servicio social habían residido en la zona durante los dos años anteriores, en las comunidades de Saltillo, Bajucub y Justo Sierra.

Los tojolabales habían sido hasta entonces los menos estudiados de la región, los menos penetrados por la cultura mestiza. Tzeltales y tzotziles fueron objeto de atención y estudio desde los años treintas, en tanto era muy escasa la literatura existente sobre los tojolabales. Cuando médicos del Instituto Politécnico Nacional (IPN) pusieron en marcha la iniciativa de enviar a esa zona a pasantes en servicio social, se conocía muy poco acerca de esta etnia.

Quienes desde mucho tiempo atrás habían llegado a establecerse en la región fueron los madereros, que explotaron el bosque y a los hombres en condiciones infrahumanas y ocasionaron gran destrucción.

La Reforma Agraria no llegó hasta los años treintas, y su huella se nota en los nombres de las comunidades fundadas por obra de la Revolución: 20 de Noviembre, Justo Sierra, Aquiles Serdán, etcétera.

Se establecieron escuelas primarias en cada comunidad, aunque sólo de primero y segundo grados, atendidas por lo general por un solo maestro indígena bilingüe que no había cursado más de tres o cuatro años de primaria. Con posterioridad, el Instituto Nacional Indigenista (INI), creado el 4 de diciembre de 1948 como filial del Instituto Indigenista Interamericano, (III), se ocupó de proporcionar cursos extraescolares de capacitación a estos maestros; no obstante, su preparación siguió siendo muy deficiente.

Llegó también la Secretaria de Asentamientos Humanos y Obras Públicas (SAHOP), que abrió algunos caminos; la Secretaría de Salubridad y Asistencia con programas de vacunación y erradicación del paludismo; pero contra lo que pudiera pensarse no hubo un contacto profundo y los programas se realizaban muy esporádicamente. A veces se abandonaban tanto por negligencia como por las serias dificultades que presentaban su aplicación y continuidad. Tampoco existía el apoyo oficial necesario, y por falta de conocimiento y experiencia de quienes formulaban y ejecutaban los programas, éstos no eran aceptados por los indígenas a quienes les resultaban ajenos, impuestos.

Algunos antropólogos mexicanos y extranjeros visitaban la zona, pero todo había sido hasta ahí muy limitado y escaso. No era fácil aventurarse por Los Altos de Chiapas.

Los tojolabales, como los de otras etnias, iban raramente a las ciudades y sólo por aguda necesidad para trabajar o vender sus productos. Los centros urbanos, lejanos y mal comunicados, eran y son hostiles al indio. La discriminación racial contra el indio existe en todo México, pero en general soterrada y a veces inconciente, no reconocida y hasta negada. En Chiapas es abierta, agresiva, descarada. Indios y ladinos viven en dos mundos diferentes que se rechazan.

No deben extrañar, por tanto, las diferencias y falta de entendimiento entre tojolabales y mestizos que se manifestó en incomprensión por ambas partes a la llegada de los médicos del IPN. Unos y otros pertenecen a dos universos distintos, en el caso de los indios, muchas veces impenetrable. Es muy difícil que éstos se abran a los extraños y al menos en esos momentos era imposible que descifraran el mundo de los pasantes. Se añade la desconfianza por parte de los aborígenes, plenamente justificada por los infinitos abusos de que se les ha hecho objeto hasta la fecha. El choque cultural con los médicos se agravaba por la barrera del idioma. Los propios maestros bilingües pertenecían a un ámbito ajeno al de estos jóvenes de mentalidad *occidental* y además urbana. En ocasiones el propio intérprete no podía transmitir ideas que no entendía, y si las entendía, no las aceptaba y no podía convencer a los escuchas. Y si todos entendían y aceptaban, en la práctica fracasaban muchos de los cambios que se les proponían con la mejor buena voluntad por chocar con las condiciones geográficas y socioeconómicas de las comunidades.

Con anterioridad a la llegada de los pasantes había trabajado en la zona tojolabal un grupo de religiosos ubicados en una casona situada en las orillas de Comitán, llamada La Castalia, que anteriormente había sido convento. Les impartían cursos diversos a los indígenas y les brindaban servicios religiosos. Ellos fueron originalmente los de la idea de llevar un médico a la zona, idea retomada y desarrollada por médicos del IPN, como más adelante se relata, y que diera origen al Plan Tojolabal, proyecto que se llevó a cabo en la región durante unos dieciséis años y dentro del cual se desarrollaron las experiencias que se relatan.

El descubrimiento del otro México

Se bajaban de la banqueta para darnos el paso, las miradas huidizas, la actitud de temor. Delgados, de estatura pequeña; vestidos de calzón blanco de manta, descalzos, con mecapal a la cabeza para la carga; los hombres con cotón de lana negro, rosa o gris rayado según la etnia; las mujeres con enredos negros o azules, las blusas bordadas y el rebozo, cargando al niño a la espalda. Se movían como en un mundo ajeno y hostil donde estuvieran rodeados de peligros.

Acabábamos de llegar de la capital del país a San Cristóbal Las Casas, Chiapas, tres pasantes de la carrera de medicina de la Escuela Superior de Medicina (ESM), del Instituto Politécnico Nacional, acompañados por otros tantos maestros coordinadores del modelo de salud cuya implantación en comunidades tojolabales se había iniciado apenas en noviembre de 1973, dos años antes. Éramos el tercer grupo que arribaría a la zona donde nos habían precedido tres de nuestros compañeros. Elegidos de entre decenas de aspirantes, nos llevaban a la visita previa para que nos diéramos cuenta de las condiciones de las comunidades y decidiéramos si aceptábamos en definitiva hacer ahí nuestro año de servicio social.

Habíamos pasado prácticas de medicina comunitaria y medicina del trabajo y, como mexicanos, creíamos conocer nuestro país. En México, casi en cualquier parte puede uno ver personas con tipo de indio y eso no podía extrañarnos. Lo que ocurría era que nunca habíamos visto indios de verdad. De los que nacen, viven y mueren en la comunidad donde hablan su idioma y mantienen su mentalidad y costumbres.

No conocíamos el rostro de la discriminación frontal, abierta, descarada, agresiva. Ignorábamos, como la mayoría de nuestros compatriotas, el grado de miseria y marginación de las etnias. Apenas estábamos descubriendo algo de esa desconocida realidad.

Desde nuestra perspectiva urbana, y no obstante provenir de familias de ingresos apenas medios, y algunos como yo, del campo, pero de un campo distinto, no sospechábamos la existencia de grupos que vivieran en condiciones tan precarias y tan ajenas a las nuestras.

La primera impresión había sido la belleza de la ciudad colonial, muy peculiar y distinta de todo lo que conocíamos dentro de ese estilo. La luz del amanecer la iba revelando ante nuestros ojos. San Cristóbal, joya donde deslumbran iglesias del siglo XVI y calles preñadas de sabor antiguo. El barroco transformado por las manos de los indios; la catedral con sus preciosistas dibujos, Santo Domingo con su fachada de piedra bordada. Plazas, jardines y rincones donde resalta el encanto del mestizaje cultural. Ciudad que lleva el apellido de Las Casas, el gran defensor de los indios.

Y ahí, en ese Chiapas donde él fue obispo, los descendientes de aquéllos por los que tanto luchó, siguen siendo víctimas de un sistema injusto que no es muy diferente al de la Colonia.

Era muy temprano, 6 a.m. Los indios iban como en desfile, cargando su mercancía, rumbo al mercado. Los locales interiores eran para los locatarios; los indios quedaban fuera. Colocaban lo suyo en la explanada de tierra, sobre petates raídos o sobre periódicos. Llevaban productos del campo y artesanías, fruto de sus manos: cestería, bordados, muñecos vestidos como ellos; huaraches, mochilas de piel, loza de barro; verdura, fruta; puerquitos, pollos, jolotes (guajolotes).

Mas a pesar del colorido de la ropa de los chamulas y de todo lo que de ellos pudiera parecernos pintoresco y folklórico, percibíamos un halo de tristeza, de desamparo e indefensión; algo que nos conmovía y nos tocaba con un sentimiento de culpabilidad y vergüenza. Conocíamos comunidades urbanas pobres y atrasadas pero estaban muy lejos del aplastamiento de los indios, de su tragedia de siglos. Y todavía no nos adentrábamos en su mundo, sólo estábamos ante la impresión superficial de un primer encuentro.

Desde esa hora, turistas y amas de casa andaban por el mercado. Oímos el regateo despiadado.

—¿Cuánto por el marranito?

—Veinte, patrona.

—No, diez.

—Quince.

La mujer se retira con un gesto desdeñoso.

—¡Patrona, patrona! Lléveselo.

Traen la mercancía cargando desde las comunidades, a muchas horas de distancia, a veces por un día entero cuando vienen a pie; es preferible darla casi regalada que volver con ella.

Nos chocó la actitud prepotente de tres estadunidenses que les tomaban fotos y película. Creímos advertir desprecio y burla en sus risas y comentarios, en sus actitudes.

Indignado, tomé la cámara y me les planté enfrente a tomarles fotos a mi vez. Se sorprendieron y enojaron mucho, vinieron a reclamar en poco y mal español, con ademanes violentos. Igual les contesté.

—Si ustedes, que no están en su país, tienen derecho a tomarles fotos a los mexicanos, yo tengo el mismo derecho a fotografiarlos a ustedes.

Con tono golpeado y ademanes me prohibían continuar. Sin hacerles caso, seguí accionando la cámara. Me exigieron que les entregara el rollo y les menté la madre entre la aprobación de mis compañeros. No creo que hayan entendido el insulto por las palabras sino por el gesto, el tono de la voz y los ademanes. Se fueron enojadísimos.

—¿Cuántas fotos les tomaste?

—Ninguna, la cámara no trae rollo. No voy a gastar una sola toma en esos imbéciles.

Los maestros nos llamaron la atención.

—¡No se aceleren, muchachos! Cálmenla.

—¡Ah, entonces no tenemos derecho a protestar ni a salir al paso a las vejaciones!

—Sí, pero sin violencia. No se expongan. Esos tipos son veteranos de Vietnam.

—Y qué. Nosotros estamos en nuestro país.

—No provoquen situaciones violentas. Hay mucho por hacer y si se quiere avanzar se debe actuar con serenidad. Modérense o van a *tronar* y con ustedes el modelo de salud.

La Castalia

La Castalia era una casona en las orillas de Comitán que había sido convento y quedó en manos de religiosos. De ahí salió la demanda de médicos para la zona tojolabal, que fue recogida por los doctores Susana Rivas, Miguel Cruz Ruiz y Rolf Meiner. Este último, de origen alemán, conocía a uno de los religiosos del mismo origen que trabajaba como maestro en La Castalia. Miguel era de Tapachula, Chiapas, de ahí su contacto con los de la casona. Fueron iniciadores del modelo de salud comunitaria en San Pedro Jalpa, Distrito Federal, en 1973, y del Modelo de Salud que dio origen al Plan Tojolabal en Chiapas, en noviembre de ese año.

Los religiosos querían que algún médico acudiera a establecerse en la zona tojolabal, ya que ellos no podían avanzar en el terreno de la salud más allá de los primeros auxilios, y era urgente atender los graves problemas que existían en ese aspecto en las comunidades. Los tres médicos les hicieron ver que sería muy difícil encontrar quien aceptara, y si se le encontraba, saldría muy caro. Además no habría garantía de permanencia. Es casi imposible que una persona de la ciudad acepte residir de manera permanente en una comunidad indígena enclavada en la sierra.

—Ese puesto lo pueden cubrir pasantes en servicio social, opinaron los médicos.

El proyecto se inició en 1973 con una plaza en la comunidad tojolabal de Saltillo, que fue clave para la continuidad del trabajo, ya como un posible Modelo. El segundo año, el IPN envió tres médicos a otras tantas comunidades; uno fue a Saltillo, otro a Bajucub y el tercero a Justo Sierra.

Los de la comunidad 20 de Noviembre se enteraron y hablaron con el doctor Francisco Uriarte, el pasante de la Justo Sierra. Éste les estuvo insistiendo en que hicieran una solicitud por escrito al Politécnico, pero pasaba el tiempo y no la hacían.

En un viaje del médico a Comitán, el camión se detuvo en Bajucub y ahí se encontró con el comisariado de la 20 de Noviembre.

—¿Qué pasó con la solicitud?

El tojolabal contestó con evasivas.

—Orita mismo la vas a hacer.

—No traigo el sello.

—No importa. La haces sin sello, nomás con tu firma.

—Es que no sé escribir.

—Sí sabes.

—No traigo papel ni nada.

El doctor Uriarte buscó un papel. En la tienda no había más que papel de estraza para envolver y lápices. Lo hizo que garabateara la solicitud al IPN, para que se tramitara una plaza. Lo único que el comisariado sabía escribir más o menos bien era su nombre.

Este humilde papel decidió la plaza para la comunidad 20 de Noviembre, la segunda más grande del área tojolabal con 1 200 habitantes. Las autoridades del IPN hicieron el trámite, autorizó la Secretaría de Salud y los Servicios Coordinados de Salud de Chiapas aceptaron.

Nos informaron del plan a los pasantes del Internado Rotatorio de Pregrado. Nos mostraron fotos, nos hablaron de los modelos. Quien se interesara recibiría información e iría a conocer el área.

Se habló de seleccionar por rifa, por votos o promedios de calificación. Finalmente se acordó que irían de entre

los interesados, los que tuvieran más posibilidades. Hubo
varias solicitudes y cuatro fuimos seleccionados. Acudimos
a la visita previa con los tres coordinadores del Modelo.
Llegamos a Comitán y fuimos a visitar La Castalia.
Conocedores del ambiente estudiantil y del prejuicio contra la religión ("el opio de los pueblos"), los maestros nos
advirtieron acerca de la labor positiva que realizaban los
religiosos entre los indios y de lo necesario de acercarnos a
ellos y aprovechar su experiencia.

Nos recibieron los religiosos que estaban impartien-
do cursos a unos 30 tojolabales de las comunidades de
Yalumá, Piedra Huixtla, Rosario Bahuitz, Villa Flores y
Justo Sierra. Casi la mitad eran mujeres. Vestían sus trajes
típicos y la mayoría iban descalzos.

Nos presentaron con ellos y nosotros también hicimos nuestra presentación. Este primer contacto nos impre-
sionó mucho. Verlos, hablar con ellos, oírlos cantar, fue
toda una experiencia. Se transformaban al expresarse en su
idioma. Era una actitud muy diferente a la de los que vimos
en San Cristóbal.

Algunos de ellos hablaban un poco de *castilla*, pero
en general nos comunicamos por medio de un intérprete.
Nos explicaron que cada comunidad nombraba a los que
debían tomar los cursos, quienes llevarían luego los conocimientos a su lugar de origen.

Les preguntamos cómo eran las comunidades y nos
contestaron que por qué no íbamos a ver.

—A eso vienen.

Entre los maestros, uno era filósofo, otro matemático,
otro cura; las maestras, trabajadoras sociales y enfermeras
eran todas monjas. De ahí llevaban servicios religiosos a las
comunidades: misas, casamientos y bautizos. Se sostenían
de criar puercos, fabricar pan y de las retribuciones de las
comunidades por los servicios.

Estos religiosos hablaban todos en tojolabal y en tojolabal impartían la enseñanza. Cantos religiosos, cartillas,
material didáctico; todo estaba en ese idioma. Adiestraban
a los indígenas en materias prácticas como primeros auxi-

lios, hacer pan y otras. Les enseñaban religión y formaban catequistas.

Se brindaron para hablarnos de las necesidades de las comunidades y de la forma de trato que debíamos observar para ser aceptados; de lo que no les gustaba a los indios pero que no se atrevían a manifestar, etcétera. Detectarían los problemas y nos los expondrían. Nos pidieron que coordináramos con ellos y cada vez que fuéramos a Comitán nos reuniéramos para hacer evaluaciones.

Las relaciones con ellos se terminaron en pocos meses. Desde el principio nos pareció que trataban de manipularnos. Nos dimos cuenta luego de que pretendían dirigirnos. Nos querían mandar: vayan a tal parte a vacunar, vayan a tal otra a hacer tal cosa; pero ni siquiera nos proporcionaban recursos para hacerlo.

Hubo aspectos que no nos gustaron y hasta nos parecieron sospechosos, como el que se vistieran como los tojolabales; opinamos que "se disfrazaban" y se veían ridículos. Tuvimos roces fuertes y discusiones con ellos y nos fuimos alejando.

Hubo desconfianza y suspicacia por ambas partes; nosotros con nuestro sectarismo político veíamos a la CIA donde quiera, y los religiosos deben haber temido que fuéramos infiltrados del gobierno. Una vez uno de ellos le preguntó a uno de los médicos si éramos del MURO, organización seudoestudiantil formada por *orejas* de la policía, lo que, como era natural, nos molestó muchísimo.

Habría sido muy útil y provechoso para ellos y para nosotros que hubiéramos logrado una verdadera coordinación, pero los mutuos recelos lo impidieron.

Chupe a la vista

Luego de nuestra visita a La Castalia, maestros coordinadores del modelo y pasantes fuimos a las comunidades de Saltillo, Bajucub y Justo Sierra. En ésta nos atendió el doctor Francisco Uriarte. Sostuvimos ahí una larga conversación con tojolabales de dos comunidades sobre las condiciones imperantes en la zona. El comisariado y los del comité de salud hicieron de intérpretes.

Debíamos regresar después a Comitán para informar, pero algo nos retuvo ahí a los tres pasantes.

Desde una estantería, una botella de tequila añejo nos deslumbró con sus destellos. Nuestras miradas se cruzaron, con los ojos nos dimos a entender unos a otros. Habíamos salido del Distrito Federal hacía cinco días y desde entonces estábamos secos. Nuestras gargantas se hicieron presentes. ¡*Chupe* a la vista!

Muy serio, hablé de nuestro gran interés en quedarnos. Queríamos permanecer con los tojolabales hasta el fin de su reunión. Los maestros se mostraron complacidos ante una actitud tan positiva.

—Bueno, nosotros tenemos que irnos, pero si ustedes quieren quedarse, no hay inconveniente.

El doctor Uriarte se puso muy feliz tanto por comprobar nuestro entusiasmo por el trabajo como por disfrutar unas horas más de la compañía de sus iguales. Tras casi un año de permanencia en la comunidad, un rato más entre *cuates* era una agradable perspectiva.

Los maestros regresarían al día siguiente a hacer la supervisión asesoría con los registros y los informes de actividades, y volveríamos juntos a Comitán para retornar de ahí a la ciudad de México.

Muy contentos, los vimos partir. Nos acomodamos de nuevo en los asientos preparándonos para el disfrute, ya muy próximo.

La reunión se alargaba y nuestra impaciencia también. Roberto le dijo un poco aparte al anfitrión:

—Pinche Pancho, ya córrelos.

—Qué pasó hermano, —protestó Uriarte.

Francisco se había acostumbrado a llamar hermano a todo el mundo.

—Oye, ya estamos cansados. Venimos en la pura *joda*.

—No, hermano, espera. Todavía tenemos cosas que tratar.

—No jodas, córrelos.

Nos parecieron eternos los minutos que todavía estuvo hablando con ellos.

Indulgente, accedió a nuestros deseos pero no sin completar en lo posible su intercambio con los tojolabales.

—Bueno, hermanitos, ya váyanse, cortó por fin. Estos hermanos vienen de muy lejos y tienen que descansar.

La expectativa regocijaba de antemano la lengua, el paladar. La botella brillaba incitante desde su sitio. Exhalamos suspiros de satisfacción cuando se fueron los últimos. Anchas sonrisas iluminaban nuestros rostros. Nos frotábamos las manos.

—Pinche Pancho, órale.

—¿Qué cosa, hermano?

—¡La botella!

—¿Cuál botella?

—¡Cuál ha de ser! ¡La de tequila, no te hagas!

Roberto se adelantó confianzudo y alcanzó el codiciado recipiente. El ámbar del tequila añejo era un regalo para nuestros ojos.

Pancho parpadeó desconcertado.

—Órale, ¿no tienes copas? O vasos, o lo que sea.

—¡A pico de botella! ¡Viene!

—Hermano, deja eso ahí, —protestó Pancho—. No es tequila, es benzal.

Roberto ya había destapado la botella y al oírlo se la acercó a la nariz. Hizo un gesto de amarga decepción. Nos la pasó para que nos convenciéramos.

—¿Y por qué lo pusiste aquí?

—No había otro recipiente, hermanos.

—Chingao, siquiera le hubieras quitado la etiqueta.

La frustración dolía en la garganta, en la lengua. Nos dio coraje, no hallábamos cómo desquitarnos. Si hubiéramos regresado a Comitán, habríamos podido ir a meternos a algún bar, pero nos habíamos quedado sin ninguna posibilidad. La resignación no es fácil, bien dicen que la esperanza muere al último.

—Oye, ¿no hay manera de conseguir algo de *chupe*?

—En la comunidad nada más hay comiteco o posh, pero sólo encargándolo con tiempo. Aquí no hay tiendas. Y no se ve bien, hermanos, no se ve bien.

Nos fuimos tristes a la cama, marchitos como globos desinflados.

Al día siguiente me levanté muy temprano. Me gusta el campo. El paisaje y el amanecer eran un bello espectáculo. Lo disfruté tanto que quise compartirlo con los amigos. Regresé al cuarto.

—¡Hermanitos —imité a Pancho— levántense! ¡Vengan a ver qué amanecer!

—Cállate, cabrón, deja dormir.

Cuando regresamos al Distrito Federal contamos nuestras experiencias en la escuela, muy orgullosos. Por supuesto, omitimos el frustrante episodio.

Se hicieron los trámites para acudir y nos repartimos las comunidades.

—Al pinche Victorio, como le gusta caminar, que le toque la 20 de Noviembre, que es la que está más lejos de la carretera.

En la visita nos dimos cuenta de lo más indispensable que debíamos llevar, porque ahí no había tiendas ni lugar alguno donde comprar algo. Llevamos una pequeña despensa, latas de sardina, atún, chiles y algunas otras cosas. No mucho porque no se podía cargar.

La comunidad aportaría tortillas y frijoles. Podríamos comer en las casas, las familias se turnarían para atendernos; pero ya sabíamos por los otros pasantes que la comida era monótona y escasa. Los tojolabales vivían en forma muy precaria y estaban habituados a una dieta muy pobre.

Un modelo integral de salud

Durante su período presidencial, (1934-1940), el general Lázaro Cárdenas del Río fundó el Instituto Politécnico Nacional (IPN) y dentro de él la Escuela de Medicina Rural.

El propósito de esta última era que se formaran médicos hijos de campesinos, hijos de obreros para que en lo fundamental atendieran a los sectores populares. Fue la perspectiva y la dinámica que inspiró la carrera médica del Politécnico.

Sin embargo, hubo algunos a los que les avergonzó que la Escuela de Medicina del Politécnico fuera rural; les pareció de poca categoría. Le quitaron la R y le pusieron lo de Superior. Quisieron hacer una facultad de medicina chiquita, con pretensiones de moderna, internacional, con gran tecnología y adelantos, como si la gente del campo, como si la gente pobre no tuviera derecho también a beneficiarse con los adelantos de la ciencia. Esto ocurrió por 1965.

El cambio se debió también a que en los hospitales había rechazo a los egresados del Politécnico porque supuestamente no tenían la misma preparación que los egresados de la Universidad Nacional Autónoma de México (UNAM). También ahí el apelativo rural les hacía mirarlos con menosprecio.

No hay duda de que existía un prejuicio clasista, porque al Politécnico asisten muchachos más pobres en general que los que van a estudiar a la UNAM; también hay más maestros de la UNAM que dirigen y ejercen en los hospitales, y favorecían en alguna medida a los universitarios; pero está comprobado que se tienen los mismos conocimientos.

Es preciso conceder, no obstante, que la preparación previa al servicio social de los egresados de la ESM, bajó desde que en los últimos años quitaron el Modelo de Medicina Comunitaria del Internado Rotatorio de Pregrado. Éste se llevaba al terminar la carrera de medicina, previo al año de servicio social. Consistía en un bimestre en comunidad que se complementaba con la práctica hospitalaria de dos meses en cada diferente servicio: pediatría, gineco-obstetricia, cirugía y algunas otras especialidades.

En el año de 1972 surgió de la base médica la idea de enviar a los internos de pregrado a hacer su práctica en alguna comunidad, como parte de dicho internado. Fue la alternativa a la crisis del proyecto médico hegemónico y de saturación de estos internos en los hospitales. En ese año se reunieron algunas instituciones para analizar el problema y buscarle solución.

Era preciso abrir otro género de plazas para dar ocupación a estos futuros médicos. Se buscó una alternativa de tipo social: ir a donde se gestan las enfermedades. De entre las instituciones que entraron a la discusión, sólo aceptaron esta propuesta el IPN, la Secretaría de Salubridad y el Departamento del Distrito Federal. La parte operativa de cada institución sería, en el IPN, la Escuela Superior de Medicina (ESM), el Hospital General por parte de la Secretaría de Salubridad y la Dirección General de Servicio Médico del Departamento del Distrito Federal a través del Departamento de Proyección a la Comunidad.

Médicos maestros del IPN propusieron a la dirección de la ESM que se enviara a los pasantes a una comunidad donde se registraran carencias básicas. Se examinaron algunas dentro del D.F. como Santa Fe, San Pedro Mártir y otras, pero quedaban demasiado lejos de la escuela, y cuestiones administrativas y de reglamento, de costo, de tiempo, dificultaban la realización del plan. San Pedro Xalpa, en cambio, se encontraba a distancia razonable, en la delegación de Azcapotzalco vecina del IPN; tanto que a la fecha es parte del área urbana.

El proyecto se inició en ese lugar en 1973. San Pedro Xalpa era entonces una comunidad semirrural, marginada, bastante pobre, ladrillera y tiradero de basura, ubicada en terrenos de propiedad irregular. Estaba habitada por obreros y subempleados emigrados de diferentes estados de la república. Mucha gente moraba en viviendas muy precarias. Había milpas, cría de animales, establos, etcétera.

Se trató de que el Modelo de Salud a aplicarse fuera de servicio, asistencia, docencia e investigación, integrado todo y encaminado a preparar a los médicos internos de pregrado para el servicio social. Dentro de la asistencia se incluían los programas de servicio médico asistencial, materno infantil, higiene escolar y auxiliares voluntarias. Los coordinadores agregaron organización de la comunidad o sectorización para estudiar manzana por manzana, casa por casa para hacer el censo, el diagnóstico de los problemas de salud y la situación concreta de la comunidad. Encontrábamos las carencias que influyen de forma directa en la salud: las malas condiciones de la vivienda, la falta de servicios de agua, luz, drenaje, pavimentación, etcétera, y hasta la inseguridad permanente por la posesión irregular de los terrenos donde estaban asentadas las casas. Dentro de este programa se hacían asambleas con la población para discutir las soluciones.

Se vio la necesidad de establecer una lechería. Liconsa, distribuidora oficial, proporcionó la leche a precios más bajos que las lecherías comerciales. Se formó el comité de lechería que era el encargado de determinar a quién y cuánta leche se le proporcionaba. La ganancia se aplicaba a necesidades de salud de la propia comunidad. Se pidieron desayunos escolares gratuitos a otra institución oficial, el DIF (Desarrollo Integral de la Familia) y se organizó la distribución a las diferentes escuelas con participación de la comunidad y de los maestros de primaria.

Había algunos pasantes a los que les avergonzaban ciertas actividades.

—No somos lecheros, —decían—. No somos maestros de primaria para estar en la escuela, nosotros vinimos a curar.

Pero la mayoría lograba sensibilizarse, entendía de qué se trataba y trabajaba a veces hasta con pasión.

Los internos de pregrado llegaban en grupos de 30 y se distribuían en los diferentes programas. Se les impartía un curso teórico en las mañanas de 8 a 10. Se les daba a conocer la planificación general de los programas y las actividades que se realizaban para cumplirla. Se les exponía el perfil epidemiológico del país, del Distrito Federal y de la comunidad, y las causas por las que se producen las enfermedades. De las 10 de la mañana a las 2 o 3 de la tarde se dedicaban al servicio médico asistencial. Dentro del servicio también se hacía investigación.

En la práctica se generaron una serie de experiencias acerca de las características que debería tener cada uno de los futuros médicos para tomar parte en los programas con los que se identificaba. Se elegían de entre unos 180 o 200 egresados que hacían su práctica en el Hospital General de México. El resto hacía el internado en otros hospitales del país y no recibía el adiestramiento de los que acudían al bimestre de comunidad, y se quejaban después de las dificultades con que tropezaban en los lugares a donde realizaban su Servicio Social. En cambio los que pasaban por San Pedro Xalpa iban mejor preparados y algunos de ellos planteaban que se debería hacer más hincapié en la importancia de este Modelo.

Había libertad de crítica. Se abría la discusión con los pasantes y se escuchaban sus críticas y sugerencias. En cada bimestre se daban experiencias diferentes.

Hubo algunos que propusieron que se quitara el bimestre de comunidad; querían hacer la práctica de tercer nivel médico en especialidades como oncología, respiratorio, nefrología, donde nada más se hacen diálisis, cirugía, etcétera. No veían tantos rubros que repercuten en la salud de la población, aun aspectos que aparentemente no tienen que ver, pero ahí descubrimos cómo todo se relaciona con la salud.

Se acudía a las casas y se hablaba con la gente. Se hacía medicina preventiva y no sólo curativa. Era medicina dentro de la propia comunidad, no nada más medicina hospitalaria. Se tomaba en cuenta el entorno social, donde se descubría que los orígenes de la enfermedad son múltiples; se veía el proceso salud-enfermedad con sus diversas causas, no como en el hospital donde sólo se ve el aspecto biológico, intramuros o intrahospitalario. Por lo tanto se trataba desde un punto de vista integral de promoción de la salud, prevención de las enfermedades, curación y rehabilitación. Lo que no se podía atender ahí, se canalizaba a un segundo y tercer nivel de atención médica en hospitales.

Para mejorar la salud hay que mejorar la calidad de vida, cubrir necesidades de diferentes tipos. Y para esto se requería no nada más del médico sino del maestro de escuela, del arquitecto para la construcción de las viviendas, del mismo abogado por los problemas jurídicos de la tenencia de la tierra; del agrónomo y del veterinario para desarrollar programas productivos.

Esta experiencia se aplicó después en los modelos de servicio social rurales e indígenas como el Plan Tojolabal, el Plan de La Selva en Chiapas y el Plan Maya en Chiquinzonot, Yucatán, que impulsaron las escuelas Superior de Medicina, y Enfermería y Obstetricia del IPN en coordinación con la Secretaría de Salubridad y Asistencia (SSA).

Vimos cómo la práctica retroalimentaba cada uno de los programas y cómo aportaban cada uno de los pasantes y cada uno de los equipos. Empezamos a comprobar la importancia de este tipo de modelos y a detectar también las carencias.

Observamos que el Servicio Social tradicional se hacía sin planificación; y si no había información, ¿cómo se iba a hacer un diagnóstico? No había continuidad, se carecía de un equipo; el pasante llegaba y no conocía al anterior. El recién llegado trataba de borrar o minimizar todo lo bueno o malo que se había hecho y convertirse en el protagonista, hacer, deshacer, imponer, decidir. En el mejor de los casos trataba de ganarse a la comunidad para sobresalir. Sabía que después de él aquellas acciones no iban a tener continuidad, pues no participaba la comunidad para dar su opinión y mucho menos para tomar decisiones.

No había un apoyo entre las personas, ni siquiera entre los mismos médicos. Si había enfermera, obedecía de forma mecánica lo que el médico le ordenaba o se le designaba en los programas. Vacunaba porque tenía que vacunar, inyectaba porque tenía que poner inyecciones. Se daba una plática por cubrir un requisito. El Servicio Social tradicional se volvía eso, un requisito que da derecho al examen para obtener el título.

En términos generales, estas experiencias sirvieron de base para dichos modelos de Servicio Social, además del Servicio de Comunidad en San Pedro Xalpa para internos de pregrado.

Ahí en San Pedro, el modelo se inició con una planeación, con objetivos y programas concretos.

Por ejemplo, para el programa de Higiene Escolar se formaban en las escuelas comités de niños, de maestros y padres de familia. Se adaptaron consultorios en las escuelas en coordinación con la comunidad y los maestros. Los mismos vecinos improvisaron consultorios, al principio en vecindades. Después se construyeron en terrenos del mercado con aceptación de los locatarios. Tomó parte también la delegación de Azcapotzalco apoyando con recursos a través de la subdelegación de San Pedro Xalpa.

Surgió la investigación de la problemática para darle solución y la necesidad de explicar a la gente el Modelo, los programas, por lo que tomó forma como docencia, servicio e investigación. Se formuló primero como anteproyecto, después como proyecto y finalmente se realizó como modelo, cuando se definieron en la práctica las características mencionadas.

Los maestros nos preparaban para trabajar en un medio que desconocíamos. Nos hacían ver, entre otras cosas, que no debíamos enfrentarnos a los usos y costumbres de las comunidades sino aceptarlos, asimilarlos y conducirlos a los fines que ahí perseguíamos de mejoras a la salud y a la organización de los habitantes.

—No se les ocurra rechazar a los brujos y curanderos. Atráiganlos, apóyense en ellos. Acérquense a la gente, intégrense. Nada de actitudes de superioridad ni menos de extrañeza o burla. Tienen que ganarse la confianza y la aceptación de la comunidad.

En ese tiempo, según la información del Instituto Nacional Indigenista (INI), la atención a los partos estaba a cargo de parteras empíricas en un 47 por ciento. Curanderos, brujos, sobadores, hueseros y otros abundaban en las comunidades, producto de la falta de médicos, de recursos económicos y de la cultura tradicional. A fin de no pagar una consulta, muchos acudían a la automedicación o a la recomendación del dueño de la farmacia.

San Pedro Xalpa, a pesar de su ubicación dentro del Distrito Federal, era una comunidad semiurbana y padecía numerosas carencias. Entraba poco transporte, el agua era escasa, había luz eléctrica pero de la que los habitantes tomaban de los cables que pasaban por la calle principal formando una verdadera maraña de alambres, con el peligro consiguiente. La población era en mayoría oriunda del campo.

Sin embargo ahí no fue difícil vencer la desconfianza a lo nuevo, convencerlos, por ejemplo, de que vacunaran a sus hijos. De cualquier forma, aunque conservaban usos y mentalidad campesina, estas comunidades estaban dentro del Distrito Federal. Y todos hablan castellano y aun entonces no era demasiado grande el por ciento de analfabetos. No son indios en el sentido cultural de la palabra, nos entendemos. No es lo mismo que viajar cerca de mil kilómetros de distancia y tratar con grupos ajenos a nuestra realidad, con mentalidad, usos y costumbres tan diferentes a los nuestros y donde, además, la gran mayoría son monolingües y casi todos analfabetos.

Se impulsaban la organización y la participación de la comunidad pero sólo en aspectos operativos, no en las decisiones políticas. Cuántos médicos, de qué tipo, presupuesto y designación del presupuesto, eran cuestiones que se determinaban desde arriba.

Un muchacho de origen maya, interno de San Pedro Xalpa, nos lo reprochó.

—Esto es paternalista, —nos dijo—. ¿Por qué no hacen mejor círculos de estudios para obreros, por qué no instruyen políticamente a la gente?

—Tienes razón, —se le respondió—, pero esto no es un partido político. Nuestra labor se circunscribe al terreno de la salud.

—Entonces ustedes están sirviendo al gobierno, le están dando una falsa imagen a la gente para que crea en sus bondades.

—Nosotros venimos a servir a la comunidad y en lo posible inducimos a las personas a que resuelvan sus problemas por sí mismos. Les estamos enseñando a organizarse.

Había que defender el modelo aunque uno estuviera conciente de sus limitaciones.

—Esto es un ensayo, pero dando servicio.

Ahí aprendíamos a ser médicos. Llegábamos de la escuela completamente novatos.

—Yo nunca he dado consulta. ¿Cómo le voy a hacer?

—Pues póngase a darla.

Uno tenía justificado temor de "meter la pata".

—No se me acoquine, aquí va a estar el supervisor, no lo vamos a dejar que mate pacientes.

Había asesoría y evaluación y uno acababa por soltarse. Luego se guiaba a los nuevos con la experiencia adquirida.

El modelo servía de enlace para el segundo y tercer nivel de atención médica. De ahí se enviaba a los pacientes que lo requerían a los diferentes hospitales del Distrito Federal o a los diferentes servicios del Hospital General.

Organicé el Primer Foro Nacional de Medicina Comunitaria en el IPN con participación de la Escuela Superior de Medicina y la Escuela de Enfermería y Obstetricia, a través del Departamento de Enseñanza y de Servicio Social de Enfermería y con apoyo de ambas escuelas. Se llevó a cabo en 1984 en la propia Escuela Superior de Medicina, con asistencia de personas que trabajaban en programas similares en varios estados de la república: Veracruz, Puebla, Chiapas y Guerrero.

Como fuera, el trabajo resultó apasionante y altamente provechoso para quienes tomamos parte en él. Fue una experiencia básica para ayudarme a la integración y trato con los tojolabales de la comunidad chiapaneca de 20 de Noviembre donde me tocó hacer mi servicio social. Vi las dificultades de otros pasantes que no habían llevado el curso y no tenían ni idea de qué hacer para salvar la barrera entre ellos y los indígenas.

Concluye el doctor De la Fuente: Me ayudó mucho también mi extracción campesina. Soy de un pueblo de Zacatecas. Mi abuelo tenía una gran extensión de tierra y nos hacía trabajar muy duramente a sus hijos y a sus nietos. El campo constituye por esto algo familiar para mí.

Una vez que se participaba en el Internado Rotatorio de Pregrado, surgía la necesidad de hacer un servicio social que diera continuidad a ese adiestramiento. Y después la pregunta: ¿Y ahora? Volver a lo tradicional era retroceder.

Se empezó con un postgrado o residencia en Medicina Comunitaria donde se incorporó tanto la experiencia de San Pedro Xalpa como la de los planes rurales. Después surgió otro postgrado de Atención Integral de Salud Social.

Todo esto surgió gracias a San Pedro Xalpa y a los planes que siguieron: el Plan Tojolabal y el de La Selva.

Instalación de la "casa de salud"

Pancho Uriarte había terminado su servicio social en la comunidad de Justo Sierra. A él le tocó, en uno de sus últimos actos, presentar al médico que se quedaría en la de 20 de Noviembre.

Los pobladores esperaban reunidos en la explanada frente a la escuela. Tres maestros bilingües harían la traducción.

Pancho fue muy escueto, hizo una breve presentación del primer médico que llegaba a esa comunidad. Les explicó que formaba parte de un modelo de salud y se quedaría un año entre ellos.

—Ahora él va a dirigirles unas palabras.

El pasante expresó en primer lugar un saludo. Repitió su nombre, aunque Uriarte ya lo había dicho. Les explicó lo que es el Instituto Politécnico Nacional, fundado por el más querido de los presidentes mexicanos, Lázaro Cárdenas, para que ahí se formaran profesionistas hijos de trabajadores, que al recibir los beneficios de la educación los devolvieran al pueblo mexicano. Les habló del entusiasmo que había despertado en su generación la posibilidad de hacer su Servicio Social en una zona como ésa; de los ideales que inspiraban la labor de los jóvenes médicos recién egresados que acudían a brindar sus conocimientos a compatriotas residentes en tan alejado rincón de la patria. Mencionó a los revolucionarios del mundo, modelo y ejemplo de quienes desean contribuir con su aporte a pagar la deuda de la sociedad con los más necesitados.

Era el inicio en una labor que le fascinaba. Ansiaba transmitir a los oyentes la nobleza de la voluntad que lo llevaba a servirles. Hizo un esfuerzo para que no se le quebrara la voz. La emoción que preñaba sus palabras sería captada por ellos y los conmovería como él estaba conmovido. Esa presentación le ayudaría a abrirse paso y a despertar la simpatía de la comunidad.

Inspirado, siguió hablando. Cerró con una frase rotunda, contundente.

—Y aquí estoy para servicio de ustedes, del pueblo de México, de mi pueblo. Para ayudar a construir una patria mejor para todos.

Calló satisfecho. Mientras el intérprete repetía sus palabras en tojolabal, buscaba con la mirada en los rostros de los presentes la impresión favorable del discurso.

Le extrañó que el maestro bilingüe no tardara ni dos minutos en traducir.

—Oye, ¿por qué les dijiste tan poquito?

—Es que ni te entendí, loctor.

El cuarto de 2.30 por 3 metros había sido cárcel desde los tiempos de la finca. No tenía ventanas. Las paredes habían estado encaladas, aunque de ello sólo quedaban algunas huellas más claras entre las numerosas escarapeladas.

Había un tapanco en lo alto. La cama estaba desvencijada y fue necesario amarrarla con un mecate para que se sostuviera. Aun así, uno debía sentarse o acostarse en ella con mucho cuidado. Los demás muebles eran una banca de la escuela, un cajón y unas tablas con estacas como estantería. Un calendario indicaba la preocupación de la comunidad por brindar algunos detalles útiles.

No tenían cobijas. Como lo sabía de antemano, el médico llevó plásticos, un sarape y una sábana para improvisar un saco de dormir con el que apenas se protegía del frío nocturno. Otro inconveniente para lograr un sueño tranquilo eran las continuas carreras de las ratas en el tapanco.

Esa habitación sería consultorio, casa de salud y casa del doctor. Cerca estaban el albergue, comedor, escuela y viviendas de los maestros dentro de una construcción que había sido parte de la finca.

La comunidad se encontraba ubicada en terrenos que fueron de la finca de Santiago y la construcción correspondía a las habitaciones de los antiguos dueños. Los cuartos eran muy fríos y de techos altísimos. Dentro quedaban restos de un altar. Le contaron al pasante que cuando vivían con el finquero, en ese sitio se rezaba el rosario dos y hasta tres veces al día.

Acababa de inaugurarse ahí el albergue del Instituto Nacional Indigenista (INI). La finca se había acondicionado convirtiendo las habitaciones en aulas y cocina. Era un internado para niños de primaria con sólo los tres primeros grados.

Hacía unos veinte años que no funcionaba la escuela que fundó ahí la Reforma Agraria; los pocos que estudiaban tenían que ir a las cabeceras municipales, por esa razón algunos de los alumnos que comenzaban apenas el primer grado tenían ya quince o dieciséis años.

Vivían en el albergue unos ochenta niños y unas sesenta niñas, la mayoría de la misma comunidad. Pasaban el fin de semana con sus familias, se iban desde el viernes por la tarde y regresaban el lunes temprano.

Los maestros bilingües habían estudiado fuera. El INI los seleccionaba entre los que terminaban la primaria o incluso entre los que sólo habían llegado al 3º o 4º grados.

—La gente está contenta, *loctor*, porque ya tiene su escuela, comentó Enrique, el joven director.

—¿Hasta qué grado estudiaste?

—Hasta cuarto, —respondió muy satisfecho.

No había luz en la comunidad, se alumbraban de noche con velas de cera, ocotes y mecheros de petróleo. Más tarde, el médico llevó de Comitán una lámpara de gas para leer y por si se ofrecía alguna consulta de noche. Administraba cuidadosamente los cinco kilos de gas del tanquecito, porque sólo iba cada quince días a la ciudad.

—¿Necesitas mujer?, —le preguntó uno de los jóvenes que había estudiado en el albergue de Zinacantan, ciudad situada adelante de San Cristóbal, rumbo a Tuxtla, capital del Estado.

—No. Tengo novia en la capital. Luego que me instale voy a ir a casarme con ella y me la traeré a vivir aquí.

—Ah, porque si necesitas, se puede conseguir dando una dote.

Cuando los maestros, el comisariado, el comité de vigilancia y los jóvenes seleccionados para el comité de Salud se enteraron de que iba a casarse y llevaría ahí a su esposa, se interesaron por saber si ella estaba de acuerdo en ir a vivir a la comunidad.

—Escríbele. Pregúntale si está contento su corazón de venir.

Le decían palabras en tojolabal para que las aprendiera y se las escribiera a su novia.

—Queremos que ustedes aprendan a hablar como nosotros.

Takaltakal wa xkujlaji ja na ' itzi*

El Modelo comprendía impulsar la construcción de casas de salud. Por experiencia se sabía que las obras de servicio comunal deben hacerse de acuerdo con la propia comunidad, con materiales de la zona y con mano de obra propia, de otra forma las sienten ajenas y no las utilizan.

El médico les planteó la necesidad de construir la correspondiente a la 20 de Noviembre, tal como se había hecho en las comunidades de Justo Sierra, Bajucub y Saltillo durante el año en que llegaron los pasantes. No se convencieron de inmediato, pasaron días discutiendo el asunto en asamblea y al fin lo aprobaron. Se haría frente a la escuela.

El pasante dispuso la distribución y las medidas. Un cuarto de 4 por 4 metros, una cocina de 2 por 4 y el consultorio de 3 por 4.

—Es muy grande, loctor.

Ellos construyen un solo cuarto que es cocina, comedor, sala y recámara para todos, porque tienen muy pocos muebles y porque son más prácticos para el frío, pero no se opusieron a sus indicaciones.

*La casa se hace poco a poco.

Hicieron los cimientos. Después no avanzó la obra. Pasaban los días y el doctor comenzaba a impacientarse.

—Qué pasa con la construcción.

—Lóctori, es que la gente anda en la tapizca.

Había leído algunos libros sobre la región, novelas de Bruno Traven, de Pablo Montañés; estudios de antropólogos. Sabía del carácter taimado de los indios, producto de la colonización y del trato recibido de los mestizos y ladinos. Sabía que muchas veces ocultan, se evaden, y no son capaces de decir "sí" o "no" con franqueza. Conocía anécdotas como la de la construcción del pozo en la comunidad de Justo Sierra: El médico pasante, con muy buena voluntad, había querido ayudarles a resolver la cuestión del agua. Para qué acarrearla si ahí mismo se podía construir un pozo.

Escogió el lugar, frente a la iglesia, en el centro mismo de la comunidad. Habría que subir la colinita, pero era poca cosa comparado con poco más de un kilómetro que caminaban las mujeres con el cántaro a cuestas.

Un mes estuvieron trabajando diariamente más de 20 hombres. Abrieron un pozo de unos cuatro metros de diámetro. La excavación llegó a 15 metros de profundidad. Nada. El pasante desistió, frustrado.

El agujero se quedó abierto por meses, ya que volver a rellenarlo significaba más tiempo de trabajo aparte del empleado para abrirlo, y los hombres debían reponer en el campo las semanas que habían abandonado sus parcelas. Varios puercos se cayeron dentro y hubo que luchar para rescatarlos utilizando la misma carrucha con que habían estado sacando la tierra al abrir el pozo. Se cayó un becerro y no lo pudieron sacar. Fue necesario matarlo y subirlo en pedazos.

Una noche se cayó un perro. Sus aullidos persistentes no dejaban dormir a la comunidad, pero nadie se decidía a auxiliarlo en espera de que lo hicieran sus dueños, porque era muy pesado subir a un animal desde un hoyo tan profundo, sobre todo porque se había perdido el carrillo de la carrucha y se tenía que jalar la cuerda a mano. El can siguió aullando durante más de tres horas hasta que los que vivían más cerca se desesperaron y fueron a sacarlo.

—Nosotros sabíamos que ahí no hay agua, les comentaron a otros pasantes una vez que estuvieron en esa comunidad.

—Entonces, ¿por qué se pusieron a escarbar? ¿Por qué no se lo dijeron al doctor?

—Es que si le decíamos que no, se iba a enojar. Se hubiera ido y ya no nos mandaban otro. Mejor que se convenciera.

¿No querían construir la casa de salud de la 20 de Noviembre por alguna razón que ocultaban?

El médico comía en diferentes casas, pero con quien más iba era con Chepe, porque hablaba *castilla*. Su mujer, la Catarina, se esmeraba en prepararle la comida consistente en café, frijoles de la olla, tortillas, chile, a veces pollo o huevos. Hacía esfuerzos por adaptarse a una alimentación tan pobre y monótona. Eso no habría sido difícil, lo que le costaba trabajo era vencer la repugnancia por la falta de higiene. No acostumbraban lavarse las manos, lo mismo si venían del trabajo en el campo que de realizar otros menesteres; o si las mujeres limpiaban al chiquillo y seguían después con la preparación de la comida. Los cucarachones, las moscas y otros insectos abundaban. Si alguno caía en la olla o plato ya servido, lo sacaban con los dedos y lo botaban al suelo. La comida no se desperdiciaba por eso.

El agua para todos los usos se traía desde un pequeño depósito natural. Agua ligeramente verdosa, expuesta a la contaminación. Se negaban a hervirla.

Sin confiar mucho en que Chepe se franqueara, le preguntó por qué no avanzaban en la construcción de la casa de salud.

—¿No quieren hacerla?

—Sí quieren hacerla, loctor.

Su actitud era evasiva. Se dio cuenta de que no le sacaría mucho.

Ya había esperado demasiado, casi dos meses desde el inicio y no habían añadido nada a lo hecho los primeros días. Citó a asamblea.

Recordaba las recomendaciones de los maestros, sus lecturas. Debía usar tacto, no agredirlos, no hacerlos enojar. Esos seres suaves son peligrosos si se enojan; y él estaba solo, a dos horas a pie del camino donde se tomaba el autobús para Comitán, distante muchas otras horas más. Tenía sus dudas sobre estar siendo bien aceptado; pero tampoco podía dejar las cosas así, se iban a reír de él o iban a pensar que tenía miedo.

No pudo ocultar su enojo cuando les habló. Él venía de muy lejos a proporcionarles un servicio. La comunidad lo había pedido, había llegado dispuesto a todo, trataba de ayudarles, pero ellos no correspondían. La casa de salud no era un lujo, era necesaria, y a fin de cuentas no era para él sino para la comunidad.

—Yo me iré cuando termine mi servicio y se les queda a ustedes. Parece que no entienden, que creen que yo saco algún beneficio de estar aquí.

Aquellas caras eran planas, inexpresivas. Nadie dijo nada, no dieron ninguna explicación y se fueron como habían llegado.

Un gusanito de recelo mordisqueó el pecho del joven médico.

—Bueno, ni modo. Tampoco me voy a quedar callado, hay que arriesgarse.

Tuvo una inquietante sensación de soledad. Era un hombre aislado en medio de un grupo que le era ajeno en muchos aspectos. Por primera vez percibió que no estaba integrado del todo. La barrera entre él y los otros se hizo patente. Había como una muralla de incomprensión mutua y quién sabe si de algo más. ¿Qué tal si sólo habían fingido aceptación y en realidad deseaban que se fuera?

¿Planeaban algo para echarlo? ¿Qué podía hacer? La comunidad más cercana donde había otro médico pasante como él, estaba a unos 12 kilómetros que significaban varias horas de camino, más o menos según estuviera seco o lodoso.

Desechó las sombras que pugnaban por filtrarse en su estado de ánimo. Todo era normal, todo se resolvería bien.

Era de madrugada, todavía densa la oscuridad.

Un rumor de golpecitos apenas audibles en la puerta y una voz baja, casi un murmullo.

—Loctooor, loctoooor...

Despertó sobresaltado. Los golpecitos y la voz continuaban.

—Loctoooor...

Reconoció la voz del comisariado. Era apenas un poco más fuerte que el arrastrar de las hojas barridas por el viento.

—¿Qué quieres?

—Sal.

—¿Para qué? Es muy temprano. ¿Qué pasa? ¿Hay alguien enfermo?

—No. Ven.

—¿Hay algún problema?

—No. Te quiere hablar la gente.

La gente...¿a esa hora? Se vistió apresurado tratando de conservar la serenidad. Abrió la puerta. A pocos metros había más de una docena de hombres, apenas bultos oscuros por los cotones negros, portando hachas y machetes. La actitud no era tranquilizante.

Un golpe como de viento frío y los mecanismos de defensa se aprestan.

—¿Qué pasó? ¿Somos amigos o no somos amigos?

Se hizo un breve silencio. En unos instantes estallan en la mente, como fogonazos, mil siniestras posibilidades.

El comisariado estaba parado junto a él.

—Quieren que los veas para que no te enojes y no esté triste tu corazón. Es la gente que va a ir al monte a cortar la madera para hacerte tu casa de salud.

En menos de diez días estuvo lista la casa. Toda la comunidad trabajó en la construcción, incluidas las mujeres, que acarreaban piedras muy grandes desde el cerro. El doctor hizo las puertas y las ventanas de madera. Puso pisos empedrados. Dejó un pasillo afuera como sala de espera. Estaba entusiasmado.

Cuando terminaron, colocó varios letreros: "Casa comunal de salud". "Si hay dolor, venir con el doctor".

"Bañarse cada día quita granos". "La verdad es siempre revolucionaria".

Se sintió muy satisfecho y les preguntó si les gustaban.

—Se ve bonito pero no le entendemos.

La mayoría no sabía leer.

Comités de salud

Dentro del modelo que se puso en práctica en las comunidades chiapanecas donde se intervino, se incluía el programa de Auxiliares Voluntarias, que después dio origen a los comités de salud. Este programa llegó a ocupar el primer lugar entre los que se llevaban a las comunidades. En el Plan Tojolabal y en el de La Selva tuvo un grandísimo desarrollo.

Al principio y como se hizo en otras poblaciones del interior de la república dentro del programa de servicio social, se ofrecía el curso de primeros auxilios en espera de que acudieran en forma voluntaria las personas que se interesaban. Se hablaba con los padres de muchachas solteras invitándolos a enviar a sus hijas. Éstas iban por curiosidad o por compromiso, o por deseos de aprender. Después tomaron parte muchachos, maestros y personas de cualquier tipo y edad. Se formaron comités de puras mujeres, principalmente solteras y de sólo hombres; pero también hubo comités mixtos.

No todo fue exitoso, hubo fracasos y experiencias negativas. En algunas comunidades se preparó a voluntarios que después se aprovechaban de los conocimientos adquiridos para tener mando y prestigio, manipulaban a la comunidad, se ponían de acuerdo con el curandero y revendían medicinas; lucraban con el entrenamiento que habían recibido de forma gratuita.

Otras veces se preparaba a personas que después no podían o no querían dedicarse al trabajo de salud porque no les dejaba tiempo para atender sus labores agrícolas y no se les daba paga. También hubo casos de total incapacidad de algunos de los que se presentaban; no aprendían a inyectar, suministrar suero o vacunar, y menos a hacer promoción de la salud, que era uno de los aspectos más importantes.

Hubo muchos intentos fallidos, de ahí que al hacer las evaluaciones y discusiones de trabajo con la comunidad, los comités de salud, el médico, la enfermera y los coordinadores del modelo, se contemplara la necesidad de normar las funciones de cada uno de los participantes. Era indispensable establecer compromisos por ambas partes, el voluntario y la comunidad; imponer derechos y obligaciones mutuos.

La comunidad debía seleccionar a personas con determinadas características. Éstas se empezaron a definir; se fijó un perfil del voluntario. En primer lugar tenía que ser alguien que supiera leer y escribir. Debía tener deseos, vocación de servir en el área de la salud, pero era imprescindible que se le retribuyera el tiempo que dedicaba a este servicio; hacerle su labor en el campo mientras se preparaba y cuando atendía a la encomienda. El que acudía a recibir atención a la salud también debía pagarle con trabajo.

Después, con el comité y el médico, se formó el equipo de salud al que se añadió a la enfermera cuando empezaron a llegar éstas. Al principio no había enfermeras.

El comité de salud también era medio de enlace y continuidad con el siguiente pasante. Todo estaba en interacción, en evaluación, y cada experiencia nutría el trabajo. Llegaron a reunirse varios comités en alguna comunidad donde se dificultaba la labor. Se ayudaba con experiencias concretas. Por ejemplo, para vencer la resistencia a las vacunas o a permitir que el médico atendiera partos. Se informaba qué podía ocurrir por no vacunar a los niños o por mala atención a los partos; cómo se salvaban vidas con la vacuna antitetánica o con técnicas para rehidratar; los problemas que podían surgir durante un parto y que la partera carecía de recursos para resolverlos.

Se demostró ampliamente la importancia de los comités, y a través de ellos y por medio de las farmacias comunales se organizaba a la comunidad y se coordinaban las comunidades entre sí; primero dos o tres, luego un ramal. Acabaron coordinándose en su mayoría tanto las del Plan Tojolabal como las del Plan de La Selva.

Al solucionarse los problemas de salud más inmediatos, surgieron otras inquietudes. Los indígenas empezaron a preguntarse por qué se enfermaban; por qué los hijos de los ladinos y de los caciques no se enfermaban tanto como los suyos y por qué si se enfermaban no se morían como los de las comunidades.

De ahí se derivaron más preguntas: ¿Por qué, si somos los que producimos el café, no nos deja nada, y en cambio los *coyotes* (intermediarios) se hacen ricos? A nosotros nos pagan a tres pesos el kilo y en Comitán cuesta nueve o diez; y en un restaurante cobran dos pesos por una tacita.

Surgieron otros cuestionamientos: por qué estaban mal alimentados y quién se quedaba con el dinero de lo que ellos producían. Empezaron a tener conciencia de sus carencias: la falta de agua y servicios, de alimentos, vivienda; de los satisfactores que hacen disminuir la enfermedad y la muerte. Se dieron cuenta de que al estar mejor nutridos se reducía el número y frecuencia de las enfermedades y las resistían mejor; del buen resultado de contar con servicios de salud. De una comunidad a otra se veían las malas consecuencias cuando faltaban vacunas y atención médica.

Pero la salud abarca muchos aspectos. Pronto nos dimos cuenta de que hacía falta gente preparada con distintas profesiones. Necesitábamos agrónomos para mejorar la producción, necesitábamos veterinarios. El campesino depende no nada más de la siembra sino también de sus animales.

"Si se me mueren mis gallinas qué voy a comer, qué voy a hacer".

Y no nada más se va a enfermar el hombre, no sólo va a padecer desde el punto de vista económico, sino también cultural, psicológico, moral. Al campesino le quitas sus pertenencias, su chivita, su vaca, su caballo, su puerco, su gallina y con qué se queda, de qué vive. Eso es su vida.

La misma comunidad fue la que pidió que se le diera capacitación en diferentes aspectos: Necesitamos saber cómo mejorar la producción, necesitamos quien nos enseñe a hacer el pan, a coser nuestra ropa. La hacemos a mano. Se llevaban semanas haciendo un bordado de camisa y resulta que hay máquinas que lo hacen en horas. En fin, se vio la necesidad del equipo, el conjunto, los que aportaban una cosa u otra, los mismos comités de salud, la participación de la comunidad y la integración del trabajador de la salud.

Se sentía uno realizado no nada más de enseñar lo que sabía o de brindar un servicio, sino de aprender, de transformarse uno mismo, de asimilar toda aquella riqueza de conocimientos, de cultura de integración a la comunidad; de sentirse útil, de haber salvado vidas y de conocer una parte de nuestro México que ni aun sospechábamos.

Acudimos a Chapingo, la mayor escuela de agrónomos del país situada en Texcoco, estado de México, a establecer un convenio para que enviaran pasantes a la zona; y a una organización francesa, INAREMAC, que está en San Cristóbal.

Con Chapingo no se logró establecer el convenio. INAREMAC sí participó. Esta organización de agrónomos franceses acudió a enseñar cómo mejorar cultivos. A pesar de las dificultades que afrontaban por desconocimiento del tojolabal y conocimiento insuficiente del castellano, funcionaron mejor que el Instituto Nacional Indigenista (INI) y la Comisión Nacional de Subsistencias Populares (CONASUPO). Los tojolabales los aceptaron porque nosotros los llevamos.

Con la experiencia del comité de salud se formó el comité agrícola y después una serie de comités que se dedicaron a otras actividades: de farmacia, de parteras, de higiene escolar. Se preparaba a los comités y éstos transmitían los conocimientos. Se llegó a consultar también con arquitectos y veterinarios.

Se hizo un boletín que aglutinaba a los comités. Estaba escrito en tojolabal y creo que hasta en tzeltal. El nombre y el lema también estaban en tojolabal. Los del equipo de salud mandaron sus experiencias para que se publicaran; enviaban también poesías, algunas hechas por los niños. El boletín resultó, además, un medio para estimular el aprendizaje de la lectura.

Los maestros indígenas participaban en todo, lo que era normal, pues por su labor y preparación fungían como líderes en las comunidades. Por la carencia de escuelas y la gran dificultad que había para estudiar, quien tenía algún grado de escolaridad, aunque fuera poco, era visto con admiración.

—El Manuel es chingón, estudió como tres años en las Márgaras, (Las Margaritas, cabecera municipal), es el único con cartilla (de servicio militar) liberada en esta comunidad.

El servicio militar se supone obligatorio para todos los varones mexicanos de dieciocho años, y mostrar cartilla liberada es exigencia aun para presentarse a un empleo; pero por su aislamiento, comunidades como las tojolabales se encontraban al margen de muchas obligaciones y derechos. Durante siglos han sido los olvidados. Hubo comunidades donde se tuvo que enseñar a leer a los que querían participar en el comité.

El éxito fue haber alcanzado un alto grado de organización a través de una necesidad sentida, valorada. Los comités de salud fueron semilla para control y solución de algunos de los problemas concretos; fueron la continuidad del trabajo. Su avance, estancamiento o retroceso dependía mucho del médico que encabezaba, de su comprensión o incomprensión política, de su sensibilidad y espíritu de servicio.

Los integrantes de los comités de salud se ganaban el respeto de las comunidades por contribuir a la salud, por las vidas que salvaban, por la prevención de las enfermedades. Con frecuencia se volvían cabezas o líderes. Servían de empalme y apoyo para el trabajo del pasante y la enfermera que llegaban a formar cada año el nuevo equipo de salud. Éste se retroalimentaba con la experiencia de los voluntarios; así se lograba conjuntar la teoría con la práctica.

Los coordinadores del modelo se encargaban de seleccionar a los pasantes y enfermeras de la Escuela Superior de Medicina (ESM) y de la Escuela de Enfermería y Obstetricia (EEO) del Poli que se enviaban a la zona. Se les preparaba, asesoraba en campo y explicaban los problemas que a veces destruían al grupo y desorganizaban el trabajo.

La casa de salud aglutinaba a la comunidad. La construían entre todos y entre todos contribuían para formar la cooperativa de farmacia. De esta forma sentían que todo era suyo.

El comité de salud planteaba soluciones a los problemas; planteaba la necesidad de dar pláticas sobre lo que ocurría en otras comunidades y de explicar aspectos como el de que los tojolabales formaban parte de la nación, también eran mexicanos como los blancos y ladinos y tenían los mismos derechos; se les enseñaba cómo es nuestro país y se les hablaba de la existencia de otros países. Se compraron mapas para que pudieran entender la situación geográfica.

Se hizo un logotipo de los comités de salud: una pareja de indígenas, hombre y mujer con dos niños. Los doctores González de la Torre y Gómez Alfaro, directivos del hospital de Comitán, mandaron pintar un mural en la entrada del nosocomio con este logotipo.

Al inicio de cada año de servicio social, se hacía desde el IPN o en Comitán un programa con aspectos generales de los objetivos, metas y evaluación del trabajo a efectuar; y al llegar los nuevos pasantes se adecuaba en cada lugar con participación de la comunidad y los comités de salud.

La evaluación incluía asesoría con los médicos del hospital de Comitán y la Jurisdicción Sanitaria, que eran los coordinadores de allá, y los coordinadores de la ESM y la EEO. Como tomaban parte el pasante, la enfermera, el agrónomo, el maestro, se volvía equipo multidisciplinario e interinstitucional en tanto entraban en apoyo instituciones como el Politécnico y la Secretaría de Salud. El INI e INAREMAC participaron ocasionalmente, y se consideró como participación de la Secretaría de Educación Pública (SEP) el hecho de que los maestros tomaran parte; pero no hubo ningún acuerdo formal ni informal con esta institución.

Como sucedía a nivel nacional, el servicio social de los pasantes del IPN adolecía de diversas fallas: falta de programación específica, continuidad, asesoría, coordinación entre las instituciones y evaluación. La labor era individual y a menudo el pasante hacía lo que le daba su gana porque a la Jurisdicción de Salud le tenía sin cuidado cómo se llevaba a cabo dicho servicio. Para ambas partes no pasaba de un mero trámite burocrático, una obligación a cumplir para que el pasante obtuviera su carta de liberación y después su título. En cambio si es interés de la comunidad a donde va a prestar el servicio, el pasante se siente comprometido, se motivan mutuamente y se potencializa el trabajo.

Durante la realización de estos modelos, el Servicio Social dejó de ser un simple expediente a llenar; se convirtió en un verdadero objetivo: servir a quien lo necesita, retribuir a la sociedad lo que se ha recibido de ella.

Esta nueva forma rompía con el modelo hegemónico tradicional: medicina deshumanizada, lucrativa, curativa, intramuros, biologicista. Lo más importante es la "productividad": "ver" tantos enfermos por hora. Cubrir metas, servicio al menor costo.

Se hicieron propuestas sobre llevar el Servicio Social como una verdadera experiencia para el futuro médico que encara la realidad sin recursos, sin apoyo, sin un aprendizaje real de la problemática a la que se va a enfrentar en los lugares a donde acude a hacer su servicio; en el caso de los que iban a Chiapas, como los destinados a otros lugares similares de la república, sin los mínimos elementos de organización de la comunidad, sin conocer su historia, su cultura, sin coordinación con otras instituciones.

En Comitán los pasantes se reunían cada 15 días, y

los informes y evaluación se hacían en equipo. Los resultados de estas reuniones retroalimentaron la preparación desde el Internado Rotatorio de Pregrado. Todas las experiencias se llevaban a las escuelas por parte de los que trabajábamos en el Modelo.

La rascadera

—El corazón de su madre está triste. Se va a morir.

Era un pequeño de cuatro años desfallecido en brazos de su afligida madre. A simple vista el médico detectó los surcos típicos de la escabiasis, las excoriaciones en el pliegue del codo, bajo la axila. Tenía lesiones en pies y manos.

—No se va a morir. Esto es sarna, muy fácil de curar y nadie se muere de esto.

—Así empezó el otro y se murió. Tiene calentura. Al otro también le dio calentura. La chamel (enfermedad) lo va a matar.

El padre y la madre, muy jóvenes, casi adolescentes, observaban angustiados cómo examinaba a su hijito el doctor. Ninguno de los dos hablaba *castilla*. Enrique, el maestro bilingüe, traducía.

El niño tenía fiebre. Las mucosas de la boca estaban secas. La barriguita presentaba el síntoma clásico de la deshidratación: al palparse se siente floja, como un trapo húmedo. Las conjuntivas estaban muy pálidas por la anemia. La infección había penetrado en su organismo; ya no se trataba sólo de escabiasis sino de piodermitis ocasionada por una bacteria que penetra por las lesiones que se producen al rascarse.

—Que si no le vas a dar vitaminas.

—Eso no lo cura. Ahora necesita penicilina.

Seguido por las miradas de azoro y angustia preparó la jeringuilla hipodérmica y le puso media dosis de un frasco de 400.000 u.

—Me lo traen dentro de doce horas sin falta. Diles que no se aflijan, Enrique, que el niño se va a aliviar.

Consideró que el pequeño organismo reaccionaría fácil al medicamento porque en la zona no había habido nunca contacto con antibióticos. Le dio aspirina para la fiebre.

—Descobíjenlo. Báñenlo, lo frotan con alcohol y le aplican esta pomada. Hay que ponerle ropa limpia y asolear la que trae.

Era necesario rehidratarlo y no había suero. Les recomendó suministrarle agua hervida con sal y azúcar.

A la segunda dosis de penicilina y con dos aplicaciones de pomada, estaba aliviado. Le aplicó una tercera dosis de ambos medicamentos por precaución.

El enfrentar los casos en su medio ambiente, el criterio y la observación del médico resulta más acertado que los esquemas aprendidos. De acuerdo a éstos habrían sido necesarias diez dosis de penicilina y de cinco a ocho aplicaciones de pomada. El médico se acordó de la historia de la penicilina y cómo al principio bastaba con pequeñas dosis porque las bacterias no se habían hecho resistentes. Atinó al pensar que ahí podría ocurrir lo mismo.

Nada puede ser mejor paga que la recuperación del niño y las sonrisas y miradas de agradecimiento de los padres.

Ahora era necesario, indispensable ubicar de dónde venía el contagio. Fue a la casa del niño. De nueve personas que la habitaban, sólo una no tenía sarna. Adultos y niños estaban contagiados.

Cuando el maestro bilingüe lo presentó a la comunidad en la segunda asamblea, advirtió que los niños estaban inquietos, se rascaban mucho. También los adultos.

—Es que hay granos, loctor. Son las pulgas, —le explicó Enrique—. Hay muchas pulgas. Aquí hay mucha rascadera.

Pulgas de puerco. Depositan sus huevecillos bajo la

piel donde forman un pequeño quiste. Estos quistes provocan sopor, desgano, falta de apetito. Es necesario abrir para sacarlos cuidando de no romper la cápsula que los envuelve porque se diseminan y forman nuevos quistes. Pero no era ése el cuadro que el médico observaba. Tras la experiencia con aquel pequeño y su familia, sospechó una epidemia de escabiasis.

Empezó a examinar a niños, unos que le llevaban y otros que veía rascándose. La escabiasis estaba muy extendida.

Fue a la escuela y pidió que le dejaran examinar a los escolares. Todos estaban contagiados. Interrogados, informaron que sus hermanitos más pequeños también padecían la enfermedad.

—Algunos se han muerto.

En contra de lo aprendido en los manuales de dermatología acerca de las zonas del cuerpo que ataca la sarna, que supuestamente no aparece en la cara, encontró niños con las caritas infestadas. Pero lo más notable era la fuerza de la infección y sus secuelas que según le aseguraban había ocasionado ya la muerte de varios pequeños.

¿Morir de sarna, una infección que si bien muy contagiosa, persistente y molesta, se considera leve? Que se cura con jabón, pomada de Scabisan y medidas de higiene. Pero si algo faltaba ahí era higiene y alimentación adecuada. A simple vista se notaban las señales de la desnutrición. Al rascarse, las criaturas se producían lesiones que favorecían la aparición de la piodermitis, que en organismos tan depauperados puede resultar mortal.

Uno de los escolares aseguró que se había curado solo.

—Entonces no la tuviste.

—Sí la tuve pero me alivié.

—¿Qué te pusiste?

El médico buscaba una hierba, algo que pudiera resultar un medicamento de fácil de conseguir y sin costo o el descubrimiento de un fármaco nuevo.

—Nada.

—Entonces no estuviste contagiado.

—Sí estuve.

El maestro lo reprendió en su idioma. Lo llamó mentiroso; pero el niño insistía.

—Sí la tuve.

El médico se acordó de su infancia, allá en Zacatecas, en el campo. De cuando él afirmaba algo que era verdad y sus mayores no le creían. Pero lo que el niño aseguraba con tanta firmeza no podía ser verdad.

—La escabiasis se combate con baño, ropa limpia y medicamento. El baño con jabón es indispensable pero si vuelven a ponerse la misma ropa, se reinfectan. Hay que hervirla o ponerla a asolear.

En los Altos de Chiapas hace frío casi todo el año. El agua de los arroyos, única disponible, está muy fría. No es agradable bañarse, además del peligro de pescar resfríos y en ocasiones neumonías. Los pobladores carecen de recipientes grandes para calentar el agua. Sólo tienen los cántaros donde la acarrean. Y difícilmente se pueden cambiar de ropa porque por lo general sólo tienen la que llevan puesta.

Había que hacer una investigación a nivel de toda la comunidad, indagar casa por casa, persona por persona. Las casas están muy dispersas en medio del monte y de las huertas. Sólo la calle principal está bien delimitada y ninguna tiene nombre. Entonces eran unas 280 casas con alrededor de 1 200 habitantes. ¿Cómo llevar a cabo un control? De eso no le habían enseñado nada.

El médico ideó hacer un croquis de la comunidad y poner números a las casas. Hizo unas tarjetas con los datos, dos por casa, una para la familia y otra para control. Cuando vieron que estaba repartiendo tarjetas, todos se apresuraron a acudir a la casa de salud. Cada familia quería su tarjeta.

—¿Qué pasa, por qué no habías venido? Se te mandó llamar y no viniste.

—Sí pero ahora estás dando tarjetas. Quiero la mía.

Creían que sin tarjeta no se les iba a atender. Le dan mucho valor a cualquier papel. Había algunas, pocas familias que no estaban contagiadas pero exigieron su tarjeta.

Resultó que la comunidad estaba contagiada en un 94

por ciento. En el albergue del INI también había cundido la endemia.

Un hombre aseguró haberse curado espontáneamente. Por más que lo interrogaron insistió en que no había hecho nada para sanar.

El médico fue a Comitán. En la farmacia, cada tratamiento a base de medicina de patente costaba entre cinco y siete pesos por persona. ¿Cómo conseguir dinero para más de mil dosis?

Fue a la Jurisdicción, al Centro de Salud. Ahí le dijeron que no había recursos. Sólo le dieron unos diez frascos de Scabisan. Que se cooperen los de la comunidad para comprar el medicamento, le recomendaron. Pero era mucho dinero para ellos.

Al médico se le ocurrió mandar pedir a la farmacia París, en el Distrito Federal, una fórmula magistral compuesta en la propia farmacia, a base de azufre, vaselina y aceite de almendras, que resultaba mucho más barata, alrededor de un peso la dosis. Entre todos costearon la llamada telefónica y el importe de la fórmula más el transporte hasta la comunidad. También se cooperaron para comprar jabón.

En tanto llegaba de México el pedido, el médico empezó a repartir el Scabisan entre los casos más graves.

—Petzanil (todo), —les indicaba—. En todo el cuerpo.

Llegaban al día siguiente muy ufanos por más medicamento.

—¿Cómo más?

Indicaban que se había acabado.

—¡Pero si te di para diez dosis!

—Loctor, —intervino Enrique—. Les dijiste petzanil.

—¡Sí, que se lo pusieran en todo el cuerpo!

—Ah, entendieron que se pusieran todo el frasco.

Llegó de la capital el pedido y comenzó a aplicarse. Como podían se bañaban, algunos en el río y otros calentando agua en los cántaros.

El doctor se contagió. Se rascaba y se reían de él.

—¡Lóctori también! Y eso que sabe curar.

A pesar de las medidas, por el contacto constante con

los afectados, se contagió tres veces. Se aguantaba la comezón delante de ellos para no dar mal ejemplo pero le costaba mucho trabajo porque el picor se excita al ver a otros rascarse.

Quedaba una incógnita: ¿por qué había gente que no se contagiaba? Invirtió el esquema de la investigación. En lugar de interrogar a los enfermos interrogó a los sanos. El secreto era el temazcal. Ica, le llaman ellos.

El baño de temazcal, conocido por las culturas prehispánicas, consiste en una especie de horno o cocedor de adobe o piedra de 1.20 metro de ancho, 1 metro de alto y 1.50 metro de largo. Es como un horno de pan. Ponen leña y ramas secas dentro, lo prenden y cierran la entrada con una piedra grande. Tiene arriba una tronera para que salga el humo y se oxigene. Cuando quedan las puras brasas, meten un cántaro con agua fría y otro con agua caliente. El que va a tomar el baño entra y cierra. El calor provoca sudoración como en un baño sauna, o si se desea un baño de vapor, se rocían las brasas con agua fría y se le sopla con un soplador. La de los cántaros es para enjuagarse. Se seca uno y se viste ahí mismo, adentro, antes de salir. Ellos se secaban con mantas usadas o trapos viejos, porque carecen de toallas. Algunos de los maestros tenían toallas corrientes, pequeñas.

La recomendación para el tratamiento era untarse cualquier jabón con poca agua para que forme una capa gruesa y dejarlo sobre la piel unos quince minutos. Cuando se aplica en las zonas afectadas arde mucho y da más comezón porque el ácaro que produce la sarna se está asfixiando. Se requieren al menos dos o tres baños diarios durante tres días seguidos, pues quedan larvas vivas y si no se les extermina, la infección persiste. Por otra parte el baño de temazcal es muy agradable, más en esa temporada de invierno. Es relajante.

No todos tienen ica. El doctor les recomendaba hacérselo.

—No, es mucho trabajo.

Preferían que se lo prestaran los que lo tenían. Sin embargo se construyeron otros.

Toda la comunidad entró al tratamiento. Les gustó y andaban muy bañaditos y felices porque se acabó la rascadera.

En un estudio epidemiológico se investiga el origen, cómo, dónde se produjo el primer caso. Siguiendo la pista, el médico encontró que la sarna fue llevada a la comunidad por un muchacho estudiante que estuvo en el albergue del INI, de Zinacantan, cerca de San Cristóbal, donde hospedan a los niños que van ahí a estudiar. Este regalo que les llegó de fuera, requirió alrededor de cuatro meses de tratamiento continuo a toda la comunidad para erradicarlo por completo.

Labor concluida. El médico ganó prestigio, que era importante para que pudieran recibir los beneficios de su trabajo. Más importante era que ya no morirían más niños de una enfermedad prevenible y curable.

Al hospital, no

—¿Por qué no lo trajeron antes?

Los signos no eran nada tranquilizadores. Muy delgadito, desnutrido y a simple vista deshidratado, el pequeño de tres años se veía al borde de la muerte. Los ojitos hundidos, apenas una línea blanca entre los párpados entrecerrados; muy pálido, las uñitas cianóticas. Era evidente la insuficiencia cardiorrespiratoria. Lo llevaron con el médico a las diez de la noche, lo que revelaba la grave preocupación.

La familia se amontonó en la casa de salud. Eran como quince gentes: los padres del niño, abuelos, bisabuela, tíos, primos. Se notaba que habían llorado. Todos hablaban, intervenían. Eran familiares del comisariado y vivían en los alrededores de la casa de salud.

La joven maestra Edelmira servía como intérprete. Los presentes sólo hablaban tojolabal.

—Sálvalo. Se va a morir.

—Aquí sí. Vamos a Comitán, hay que llevarlo de urgencia al hospital.

—No. Al hospital no.

—¿Por qué no?

—Allá todos se mueren.

En las comunidades decían que el hospital es como la

cárcel, si los internos no se mueren de enfermedad, se mueren de tristeza. La verdad es que los llevaban al hospital sólo cuando ya estaban en las últimas, y para el propio paciente ingresar en el nosocomio ya era un desahucio. Había grandes prejuicios contra la medicina oficial. Los curanderos los prevenían infundiéndoles temor, que se añadía a su desconfianza ancestral. Pensaban en muchos casos que el gobierno mandaba a los médicos para matarlos o cuando menos para esterilizarlos.

El tener que acudir a la ciudad, lejos de los suyos, entre ladinos, les provocaba gran inseguridad y sentimiento de indefensión. El propio edificio hospitalario resultaba atemorizante con sus áreas grises y blancas, el olor a medicinas, las batas de los médicos, los tapabocas. Todo en el ambiente contribuía a despertar miedo y desconfianza. A eso se añadían el burocratismo, la deshumanización y el trato despectivo que recibían la mayor parte de las veces.

En esas condiciones los que se aliviaban eran los menos y de ésos nadie se acordaba. Los fracasos eran lo que se tenía presente. Un error se difunde, lo positivo trasciende poco.

La maestra le explicó al médico que el niño se había enfermado del pecho y los padres lo llevaron a la comunidad de El Vergel, con doña Lola, una famosa curandera. Fueron varias veces con ella porque no mejoraba. Le mostraron algo de lo que le había hecho tomar a la criatura. Por lo que el médico pudo entender, la curandera le había administrado dosis altísimas de sulfas que estaban contraindicadas y yerbas que a todas luces le habían afectado el riñoncito.

—Está muy grave. Hay que llevarlo a Comitán, al hospital, a ver qué se puede hacer; aquí no tenemos recursos.

—No, a Comitán no. Al hospital no.

Había que luchar contra prejuicios y manipulaciones. Doña Lola les había dicho que no lo llevaran con el médico ni con ningún otro ladino, que el gobierno los mandaba para matarlos. Se habían decidido a acudir al médico de la comunidad en vista de la gravedad del niño.

—Está deshidratado y muy pálido. Urge una transfusión de sangre.

—No. Transfusión no.

—¡Se puede morir!

Edelmira le explicó al médico.

—Son testigos de Jehová y su religión les prohibe la transfusión.

El niño ardía en fiebre

—¡Descobíjenlo! Lo traen muy abrigado. Es necesario destaparlo para que se refresque.

Se apresuró a quitarle los trapos conque lo traían envuelto. El padre, de inmediato, volvió a cobijarlo.

—Que lo dejes así, doctor. Que si se destapa se muere.

—¡Vamos a Comitán! No hay tiempo que perder. Los llevo en mi carro.

—No. Tú nos vas a cobrar mucho por la llevada.

—Edelmira, por favor, diles que no les voy a cobrar pero que nos vayamos de inmediato. Urge. Todavía se puede salvar, aquí no hay recursos.

No le creyeron.

—Eso nos dices. ¿Y cuántos días nos vas a tener allá? ¿Y qué comemos? ¿Y dónde nos vamos a quedar?

Era muy difícil convencerlos. Chocaba contra su desconfianza.

—¿Y cuánto nos van a cobrar en el hospital?

—No sé. Hablaré con la trabajadora social para que les cobre lo menos posible.

A veces los mismos médicos del hospital los mandaban con sus colegas que trabajaban en forma particular y les cobraban lo que ellos difícilmente podían pagar.

—Tu familiar necesita operación y cuesta tanto, les decían. Vende tu tierra si quieres que se salve.

El doctor se daba cuenta de que la misma intérprete no estaba convencida de sus palabras. Dudaba de que le entendiera y si le entendía, no se convencía. Lo percibía por el tono y la actitud de la muchacha al traducirles a los familiares. El intérprete muchas veces toma partido.

—Diles que estamos perdiendo demasiado tiempo.

Discutieron entre ellos. La joven madre se limpiaba continuamente las lágrimas con el dorso de la mano. Era su primer hijo.

—Dicen que no, que lo cures aquí.

—Vamos, entonces, a hacerle la lucha como sea. Pero retírense, por favor, no se amontonen, le están robando oxígeno al niño.

Fue en vano, nadie quería salirse.

El médico intentó darle suero oral pero el niño ya no tragaba. Se apresuró a preparar la jeringa para administrárselo por vía endovenosa.

La alarma cundió entre los familiares. Se levantaron ademanes y voces airadas de protesta. La abuela se enfrentó indignada al médico hablando muy rápido y alto.

—No quieren.

—Explícales por favor que el niño ya no puede tragar, que es indispensable ponerle el suero en la vena o se va a morir. Está muy deshidratado.

Edelmira discutió con ellos. Los padres del niño acabaron por acceder pero los abuelos se oponían tercamente.

Apenas podía el médico controlar la impaciencia, la desesperación.

—Diles que es lo único que puedo hacer y aun así no garantizo nada. El niño está muy grave, de todos modos se puede morir pero estoy intentando salvarlo.

Se impuso la opinión de los padres. La venoclisis se le hizo en la manita porque las venas de los brazos estaban colapsadas.

Vieron que no mejoraba y se dispusieron a llevárselo. No escucharon las súplicas del médico, le dieron la espalda con desdén.

Angustia y desazón, impotencia, embargan el ánimo ante el fracaso.

—Se va a morir.

Se retiraron a eso de las dos de la mañana. A las seis de la mañana se empezaron a escuchar el llanto y los lamentos. El niño había fallecido.

Hombres y mujeres lloran por igual. A pesar de la aterradora frecuencia de la muerte, a pesar de su fatalismo, los tojolabales, igual que cualquier grupo humano, no se resignan a la pérdida de un ser querido.

Lo velaron ese día y toda la noche. Fabricaron ellos mismos la cajita de madera.

Los tíos deambulaban borrachos.

—Ese loctor no sirve.

El médico los vio al día siguiente ir rumbo al panteón. El padre cargaba la caja con el cuerpecito de su hijo. Iba mucha gente de la comunidad acompañándolos.

Los entierros de los tojolabales eran sobrios. No llevaban música como acostumbran en otras partes. Hablaban poco y en voz muy baja; lloraban en silencio. Velas y flores ponen el toque de ternura en medio del dolor.

El médico tenía ya seis meses en la comunidad y a pesar de sus éxitos no gozaba todavía de la completa confianza de todos sus pobladores. Además de los prejuicios contra la medicina oficial y contra las autoridades, los curanderos y algunas religiones fomentaban el rechazo.

Fue mal visto por la familia del niño. Cuando se encontraba con los padres, éstos le daban la espalda y no le hablaban.

Sin embargo, dos meses después, la joven madre del pequeño fallecido se presentó a pedirle suero y vitaminas, algo que ellos identificaban como vigorizante, porque había quedado de nuevo embarazada.

La finca

—Todo era mejor entonces, con el patrón Castellanos.

Los ojos del viejo se nublan de tristeza.

—Los de ahora no entienden y se enojan porque les decimos que estábamos mejor antes. No costaba tanto trabajo vivir. Teníamos sal, sopa, machete, instrumento. El patrón nos lo daba.

Una reforma agraria incompleta apenas llegó a Chiapas por los años treintas. La comunidad "20 de Noviembre" está situada en lo que era la finca de Santiago. Cuando la repartieron le cambiaron el nombre.

—Sí, había unos patrones malos que hasta mataban gente, pero el dueño de aquí era bueno. Nos daba todo, no teníamos que ir a buscar medicina; nos daba muy buena, como las mejorales y las *alkaselser*. No nos preocupábamos de nada.

—Pero se endeudaban y se lo cobraban con el trabajo.

—Sí, pero de qué nos preocupábamos. Ora tienes que ir a la ciudad, tienes que llevar tu maíz, tus pollos y te los compran en lo que quieren y a veces ni te los compran. Aquí le dábamos todo al patrón y ya. Lo de las deudas ni era tan malo. Seguido nos las perdonaba el día de San Santiago. Otras veces, si el hijo le había trabajado mucho tiempo, también la perdonaba o nos daba algo de dinero. Era bueno y lo queríamos.

—En una ocasión vino uno a decirnos que en la ciudad las medicinas eran más baratas, que el dueño nos estaba robando. Que ya le habíamos trabajado demasiados años y que todo era nuestro. Unos de los que lo oyeron se enojaron y le reclamaron feo.

—Todo era mejor. No había angustia, preocupación. El patrón ni nos cobraba por enterrar a nuestros muertos.

—Tal vez ese señor no era tan malo, pero había fincas donde golpeaban a los peones y los colgaban de los dedos.

—Sí es cierto, pero ahora también nos tratan mal y nos pegan y nos encarcelan y nadie nos da nada Todo cuesta. Al patrón lo queríamos y a muchos no nos pareció que le quitaran la tierra. Hubo algunos viejos que se murieron de tristeza.

La comunicación

—Tu mamá está muy enferma. Se va a morir.

—¡Ah caray!

Las ideas se entrecruzan como remolinos por la cabeza. El médico piensa en su lejana Zacatecas, a tantas horas de distancia. Piensa en autobuses, aviones... pero sólo para salir de la comunidad hasta la carretera a tomar el autobús para Comitán se hacen dos horas a pie. Podría conseguir un caballo pero aún así sería desesperantemente lento. Y luego quedan siete horas de camino para llegar a Comitán. Y de ahí a Tuxtla Gutiérrez para tomar el avión a la ciudad de México, y de ahí otro a su estado natal, y entre tanto lo peor puede ocurrir.

—¿Cómo lo sabes?

—Sí, está muy enferma tu mamá.

—¿Quién te lo dijo? ¿Lo oíste por radio? ¿Quién me lo manda decir?

La dejó sana al salir, pero hace mucho que no sabe de ella. El correo es deficientísimo y no llega hasta la comunidad. Dejó dicho que le escribieran a la jurisdicción de Comitán si había algo urgente pero no va a la ciudad más que cada quince días.

—Le duele mucho aquí. Hace tres días que no come.

Los relámpagos de la mente se convierten en luces blancas que rápidamente dan claridad. Ahora entiende.

—¡Ah! Está enferma tu mamá.

—Sí. Está enferma tu mamá.

De repente el poco castellano que saben sólo sirve para confundir. Quieren entendernos y es difícil; queremos entenderles y nos quedamos peor que a medias.

Oyen constantemente de nuestra parte el vocablo "salud". La casa de salud, la atención a la salud. Para conservar la salud. El comité de salud. Y luego, cuando nos reunimos en las fiestas y brindamos, les decimos "salud".

Están acostumbrados a las malas palabras.

—¿Cómo te llamas?

—Melquiades Bautista hijo de puta. Así me dice el patrón.

Los caciques los tratan a puras leperadas y a veces las repiten por inseguridad, por deseo de reproducir el lenguaje de los ladinos. Alguno se dirige a su hijo de "oye, cabrón".

—El gringo es buena gente. Me da panta.

—¿Te da qué?

—Panta, panta.

—Panta...¿Qué es panta?

—No, no hay miedo. Panta, panta.

—¿Pantaleta?

—¿Qué es eso?

—Cómo qué... pues la ropa interior de las mujeres. Los calzones.

Se me quedó viendo entre azorado e impaciente. En ese momento recordé que las indias no usan ropa interior.

—Cómo no entiendes, loctor.

Ahora el pendejo resultaba yo.

—¡Panta, panta! Represco.

Usaban mucho la palabra modo.

Había doctores que intentaban darse a entender mejor, adaptarse, según ellos, a su forma de expresarse. Les hablaban mal creyendo que así comprenderían.

—Nosotros querer aprender modo de ustedes y que

ustedes aprender modo de nosotros para que todos entender modo.

No entendían nada.

—Me chinga mucho tu cabeza.

Con un poco de trabajo y algo de paciencia comprendía uno su uso del castellano.

—Le chinga mucho tu cabeza.

—Ah, te duele la cabeza.

—Sí, te duele la cabeza.

—¿Desde cuándo?

—Toda la vida.

—¿Siempre? ¿Desde que eras así, chiquito?

—No. Toda la vida.

—Ah, continuo, seguido, no se te quita.

—Sí, toda la vida.

O bien respondían a veces:

—Me duele desde mañana.

—¿Desde en la mañana?

—Sí, mañana.

—Manuel es cumparé.

—¿Qué cosa?

—¡Cumparé, cumparé!

—No entiendo.

—¡Cumparé! El que lleva al niño a bautizar.

—No había visto a esos muchachos.

—Es que no estaban aquí porque son esculeros.

—¿Cómo? ¿Por qué les dices así?

—Pues porque son esculeros.

—Quieres decir... Son muy rajones, no cumplen su palabra, son miedosos...

—¡Nooo!

El tojolabal se me quedó mirando. Adiviné en sus ojos enojo contenido.

—¿Entonces...?

—¡Esculeros, esculeros! Que no son iguales a todos.

Insinué homosexualismo. Se enojó más.

—¡Que van a la escuela!

El que no entendía era yo. No acababa de asimilar la situación.

Los médicos entran en desesperación a veces porque cuando no están los bilingües no hay forma de comunicarse.

—Estamos jodidos. Ni tú me entiendes ni yo te entiendo.

—Sí, estamos jodidos. Ni tú me entiendes ni yo te entiendo.

Con frecuencia no era posible sacarles información. A las preguntas contestaban "tal vez" o "saber".

Una señora se presentó alarmadísima porque su hijo no arrojaba lombrices.

—Dale algo, loctor.

Como todos los niños arrojaban lombrices menos el suyo, creyó que estaba muy enfermo.

—Se le están quedando adentro. Se puede morir.

Se le explicó que si no las arrojaba, era porque estaba sano, no tenía esos parásitos. No lo podía creer.

Se presentó un matrimonio a consulta en la casa de salud. Vivían en la finca de unos mestizos, cerca de la comunidad de Justo Sierra.

—¿Por qué no fuiste a ver a la doctora? Te queda más cerca.

—Sí la fui a ver pero ella no sabe.

—Cómo que no sabe.

—No sabe. No cura. Me recetó unas inyecciones y sigo mal.

—A ver, qué te recetó.

Mostró la receta. Era gentamicina en inyecciones endovenosas. Debía ponerse cinco.

—¿Te las pusiste todas?

—Sí.

—¿Quién te las puso?

—Mi mujer. La última ella no estaba y me la puse yo.

El médico se quedó perplejo. Aquello no era posible. Le hizo repetir y él insistió en que sí se había puesto las inyecciones como se las había recetado la doctora.

—¿En la vena?

—Sí, sí.

—A ver, cómo te las pusiste... ¿aquí en el brazo?

—¡No, no! En l'avena. En el atole, pues. (Atole de avena).

—¿Por qué no hierven el agua?

—Está limpia.

—No, está sucia. Le metes las manos y la contaminas.

—¿Qué es eso de "la contaminas"?

—Tienes las manos sucias. Tú la contaminas.

—No. Tú la contaminas.

Al agua hervida la llamaban "agua cocida" y no les gustaba porque creían que debían tomarla caliente.

Se reían cuando les hablaba del mar. No lo conocían.

—Ah qué lóctori, ni es cierto.

—¡Sí, miren! Es así, muy grande, como el cielo. El agua se ve azul, azul y las olas son grandísimas.

Se reían, se reían. No lo creían.

—A una comunidad le mandaron un loctor que estaba loco.

—¡Cómo!

—Se ponía a correr todos los días. Diario pasaba corriendo y corriendo entre las casas. Luego se ponía así, tumbado boca abajo con las manos en el suelo y subía y bajaba. La gente se reía mucho. Lóctori, ¿estás bien?, le preguntaban.

Yo también salía a correr al principio pero dejé de hacerlo cuando me di cuenta de que no lo entendían.

El campesino es solidario. Uno le pide, por ejemplo, que le venda elotes y se los regala. Huevos o tortillas se pueden adquirir en cualquier comunidad y no aceptan paga. A cambio retribuyen cualquier servicio. Cuando no se les cobraba por algo como ponerles una inyección, cambiarles una curación, etcétera, dejaban o llevaban algo de regalo: huevos, un pollo, tortillas.

Desconocían muchas cosas. Un pasante llevó una parrillita eléctrica y un niño de diez años se acercó a verla. Le soplaba.

—Es fugo, decía, pero no quiere arder.

A una tienda de Comitán llegó un tojolabal muy enojado a devolver un foco.

—No sirve. Cámbiamelo.

El dependiente le dio otro.

—Pero me lo quiero llevar encendido.

No había luz eléctrica en su comunidad.

—¿Puedo comer chile y carne de puerco?

Hay preguntas que se hacen para medir a médico. Es indispensable estar alerta si no quiere uno que lo cataloguen como ignorante.

—No, no puedes.

—Ah, entonces tú sí sabes.

Era creencia común entre ellos que el chile y la carne de puerco hacen daño cuando se están tomando medicinas, y era forzoso prohibírselo so pena de bajar en su concepto. ¡Un médico que desconoce algo tan elemental que cualquiera lo sabe!

Insistían mucho en que se les suministraran suero y vitaminas en la creencia de que servían para nutrir. Les decía que no, y se reían.

—Entonces no sabes.

Y es que los curanderos se dedicaban a repartir suero y vitaminas.

Creían que debían pagar por los servicios. Por inyectar a un niño me llevaron tres huevos.

—La Camila no tiene dinero, me dijo la intérprete. Pregunta si con esto es suficiente.

—No tiene que pagarme nada. A mí me paga el gobierno. El servicio de salud es gratuito.

De todas formas los dejaron. Llevaban siempre algo para regalarle al médico: guanábanas, una anona, naranjas, un pollo, un pedazo de carne.

Con la carne había que tener mucho cuidado porque aprovechaban hasta la de los animales muertos por accidente o enfermedad. Esto se nota en que la carne está muy roja porque se le ha quedado la sangre. El animal no fue sacrificado y desangrado sino que murió por otras causas.

A veces una res moría desbarrancada y la encontraban uno o dos días después y así se la comían. Se les dijo que no debían comerla en ese estado, pero no hicieron caso porque para ellos es inconcebible desperdiciar la carne.

—¡Ese animal ya está empezando a descomponerse! ¡No se lo coman!

—Es que ya se distribuyó, loctor.

Por mi extracción campesina sabía hacer huaraches con suela de llanta y correas de cuero. Les enseñé a hacérselos.

Uno de ellos, el Juan, me propuso comercializar la idea.

—Los hacemos y se los vendemos, loctor.

—No, en ese caso que se haga en cooperativa entre ustedes.

—No, si tú no le entras, no lo hacemos.

Como no quise hacerlo por dinero, se desechó la idea.

Les propuse hacer un horno para fabricar pan para la comunidad, pero no quisieron. No aceptan fácilmente lo que se sale de lo establecido. También les propuse comprar entre todos un tractor, idea que les causó gran hilaridad.

—No somos caciques.

—Pero ¿qué tiene que ver? El tractor sería para todos y les ayudaría muchísimo para la siembra.

Se rieron tanto que hasta se les salían las lágrimas.

—Yo sé manejarlo, cambiarle el aceite, nivelar los implementos: arado, rastro; armar la sembradora o prepararlo para escardar. Les saldría bien, les conviene.

—No loctor, eso es de los ricos. Somos probes y no nos conviene.

Desconocían los riesgos de los insecticidas. Uno de ellos, Fausto, bañaba a sus caballos a mano con insecticida diluido en agua para librarlos de los parásitos. Cuando lo vi, le advertí alarmado.

—¡No hagas eso! Te vas a intoxicar.

—No pasa nada, ya tiene como dos años que lo hago y no me ha hecho daño.

Se murió de leucemia.

Cuando llegué a la comunidad y me vieron montar a caballo desde el primer día y caminar por el monte, no me sintieron tan ajeno a ellos. Contribuyó a mi integración el que aceptara comer en sus casas, porque muchos pasantes, por razones de higiene, preferían prepararse su propia comida. Yo en seguida conviví con ellos y comí de lo que comían.

Los veía cortar leña y quise demostrarles que también lo podía hacer.

—Préstame el hacha, te ayudo.

—No, lóctori, es muy pesado. Tú no sabes.

Se asombraban de verme cortar árboles y partir leña con tanta habilidad y fuerza como ellos.

Una vez les propuse cercar los pozos para que los animales no contaminaran el agua. Citaron a asamblea para discutirlo entre ellos y se pasaron medio día reunidos hasta que llegaron al acuerdo. Satisfecho vi que habían aceptado la idea y la pusieron en ejecución.

Cuando terminaron, vino el comisariado.

—Ya está listo tu pozo.

—Cómo "mi" pozo. Es de todos. Es para la comunidad.

—No, es para ti, para que estés contento y tomes el agua como a ti te gusta.

—¡Pero yo lo que quiero es que no se enfermen ustedes!

—No, lo hicimos para ti. Nosotros tomamos agua de los otros pozos y así estamos bien.

No se puede llegar imponiendo lo que a nosotros nos parecen mejoras. Hay que tomar en cuenta las condiciones culturales. A veces, con la idea de ayudarlos se cometen errores serios.

En la Justo Sierra el pasante quiso poner fin a la contaminación ocasionada por los cerdos o cuchis que vagaban a sus anchas por la comunidad. Les propuso construir para ellos un corral cercado.

La idea fue aceptada y se construyó el corral. "La ciudad de los puercos", la llamaron. Todos los cerdos se encerraron ahí.

Al poco tiempo comenzaron a morirse de hambre. El maíz que les daban no era suficiente para mantenerlos. Cuando andaban sueltos se procuraban solos su principal alimento: el excremento humano. Hubo que dejar en libertad a los que sobrevivieron.

Unos antropólogos, de paso por una comunidad, les sugirieron construir pedestales de piedra y barro para colocar el fogón en alto.

—Es mucho más cómodo, así las mujeres no tienen que estar en cuclillas o sentadas en el suelo para hacer la comida y las tortillas.

Algunos tojolabales aceptaron la sugerencia y subieron el fogón. Cuando vino el invierno hubo un recrudecimiento de enfermedades de vías respiratorias con alarmante incidencia de muertes.

Las chozas están construidas con tablas mal unidas; a veces con tejamanil. El frío entra, y como las familias duermen en el suelo en petates o en cama de tablas, con escasas y delgadas cobijas, el fogón en el piso reparte calor. Al subirlo se les privó de esta forma de calefacción con funestos resultados.

A veces construían letrinas por darle gusto al doctor, pero no las usaban. Lo llamaban "encarcelar la caca". ¿Y qué comen entonces los puercos?, decían.

También a algunas comunidades de La Selva se llevó la idea de construir letrinas para evitar la defecación al aire libre. Cuando llegaron las lluvias las letrinas se desbordaron inundando los alrededores con materias fecales y desparramando olor pestilencial. Además, el depósito se volvió caldo de cultivo para los mosquitos que se convirtieron en abundantísima plaga. Las taparon.

—¡Pero es que la plaga se evita poniendo un poco de petróleo o creolina en el agua!

La advertencia llegó tarde. Ya habían tapado todo porque era insoportable el picadero.

Con frecuencia se les hablaba de cosas que son lugares comunes para nosotros pero que ellos no tenían por qué entender.

Al ser presentado un pasante, los exhortó.

—Compañeros, tenemos que organizarnos, trabajar juntos, como los chinos cuando construyeron la famosa muralla.

Ellos no conocían siquiera la existencia de los chinos.

Uno de los antropólogos que iban por las comunidades, durante una discusión entre el pasante y un tojolabal, tomó el partido del indígena.

—Mira, el doctor no entiende, es pendejo.

El hombre asintió sonriendo con mucho gusto.

Aparte, el antropólogo le explicó al médico.

—Se lo dije para darle confianza. Hay que hacerles ver que no se les considera inferiores. Es tal el aplastamiento en que vive esta gente que se creen inferiores de verdad. Creen que hasta el niño hijo del cacique les puede gritar y maltratarlos, y un mestizo puede violar a sus hijas, golpearlos, insultarlos, hasta matarlos y ni la justicia de aquí ni la de Dios lo va a castigar.

La región y los habitantes

En la zona tojolabal la temperatura va de templada hacia fría. En abril hace algo de calor y mucho sol. Algunos días de agosto son muy calurosos. El frío se empieza a sentir desde septiembre, aunque por lo común hace frío todo el año por la noches. De noviembre a febrero hay madrugadas en que la temperatura llega a bajar hasta a dos y tres grados.

La niebla es casi permanente. Sobre todo cuando llueve, cubre con anchas franjas el paisaje, baja por las hondonadas; semeja aéreos penachos de humo blanco; se mete por entre los árboles, envuelve en blanco algodón el paisaje. Da una impresión de silencio y de intemporalidad, como si se flotara entre el misterio. Si va uno por el bosque, en ocasiones no ve más allá de dos metros; pero los animales no se pierden ni tropiezan.

Desde el poblado se ve a corta distancia cómo se va levantando. Hay veces que entre las 9 y 10 de la mañana todavía no acaba de volver al cielo. Parece que se negara a abandonar su lecho nocturno

Los días, en general, son soleados. El aire es transparente y puro. A gran distancia distingue uno las ramas y casi las hojas de los árboles en los montes y cerros. La amplia bóveda celeste cubre el paisaje como inmensa esfera de intenso azul.

Los tojolabales los llaman ríos, pero las dos corrientes que bordean la comunidad son apenas arroyos chicos que llevan poca agua. En la 20 de Noviembre había uno al oriente y otro al noroeste. El más lejano estaba como a un kilómetro de la última casa. El que pasa por el noroeste sólo lleva agua cuando llueve. En los remansos se cría un camarón muy chiquito, muy delgado, apenas una probada de carne.

El agua es fría y la mayor parte del tiempo mortifica bañarse en el río. Los tojolabales la calentaban en el cántaro de barro donde la acarreaban, por lo que no había mucha oportunidad de bañarse.

El aspecto del bosque cambia según la época y la altura. En el bosque de esa zona hay pinos de dos o tres tipos; el alto es el que domina. La hierba crece mucho después de que llueve; en mayo y junio hay algunas flores en el monte, pero en las comunidades la gente cultiva muy poco las flores.

Para los habitantes de la zona lo bonito es el terreno despejado, sin árboles, sin vegetación, o con árboles frutales sembrados. Los huertos son de media hectárea más o menos. En las casas situadas en las afueras hay algunos hasta de una hectárea.

La feracidad del terreno y la constante humedad tornan permanente la lucha contra la vegetación. Hay que abrirse paso a machete para caminar entre el monte. Las veredas tienen que estarse limpiando continuamente para que no las invada la maleza. Si se abre un camino y no es muy transitado, en dos o tres meses empieza a cerrarse de nuevo. A veces le ponen piedras y de todas maneras se lo come la vegetación y se deteriora por la lluvia.

Cuando va a llegar gente de fuera, hacen tequio (trabajo comunal) para arreglar el camino porque si no, los vehículos no pueden pasar, aunque esto es peor en la selva.

Los espacios para siembra y cría de animales se desmontan, o sea se cortan y queman los árboles. La ceniza es abono que dura tres o cuatro años. Lo malo de la tala de árboles es que no hay reforestación y el exceso de lluvia arrastra la tierra fértil. Este sistema llamado de tumba-roza-quema es muy perjudicial para la naturaleza.

El terreno así preparado se trabaja durante unos cuatro o seis años. Cuando se ha agotado su fertilidad, lo abandonan y buscan otro espacio donde volver a iniciar el proceso. Por lo general las áreas quedan agotadas, no vuelven a servir para la siembra, y donde había bosque o selva va quedando desierto. Carecen de tecnología y siembran de la forma más primitiva: remueven la tierra con azadón y coa. Uno que otro emplea yunta con bueyes. En aquel entonces sólo conocimos un tractor en la finca de un Castellanos. En tiempo de secas, las mujeres son las principales encargadas de regar matita por matita con agua acarreada en cántaros desde los ríos.

En marzo-abril hay grandes humaredas por la rozadura y quema de la vegetación. Hay veces que por lo denso del humo no pueden salir las avionetas que van de Comitán y Margaritas rumbo a la selva. A la zona de los tojolabales no llegaban avionetas.

En la región se dan naranjas, limas, guanábanas, guayabas, plátanos, caña de azúcar, duraznos, aguacates, granadas, café. Los campesinos siembran maíz, frijol, habas, calabazas, chilacayotes, chayotes, papas, betabel, cebolla, chícharo, zanahoria; todo en cantidades muy pequeñas y la mayor parte para autoconsumo.

Crían vacas, borregos, cerdos, burros y caballos, así como gallinas y guajolotes, también en cantidades muy pequeñas, y como no hay alimentación especial para los animales, están muy flacos. La lana de los borregos se la vendían a los chamulas; los tojolabales no tenían telares. Sus animalitos sólo los venden cuando se pierde la cosecha o si alguien se enferma.

Cuando llevan sus productos a vender a la ciudad se los pagan muy barato, y el costo del transporte y el tiempo que emplean hace casi incosteable este comercio, además de los atropellos que sufren en las ciudades por parte de la policía.

Hacen trueque con las otras comunidades y llevan a Comitán a vender muy poco, sólo para comprar telas, sal, pan, aceite, hilo, agujas, hachas, machetes, porque en la comunidad normalmente no hay tiendas.

Consumen refrescos y cerveza. La comunidad se organiza para la compra cuando hay fiesta. A veces alguno compra por su cuenta una o media caja de refrescos o de cerveza para revender.

La lluvia

En todo Chiapas llueve de mayo a octubre, en ocasiones durante ocho o diez días sin parar; en invierno hay días en que no para el chipi-chipi.

Cuando vienen los tornados, el cielo se pone negro y el agua se precipita como una gigantesca catarata. Hasta miedo da, parece el diluvio. En donde hay vegetación se absorbe rápidamente, pero convierte en lodazal los caminos muy pisoteados. El lodo es una plasta pegajosa, sólo no se adhiere a los pies descalzos o a las botas de hule. Si se mete uno al lodo con zapatos o huaraches los pierde en seguida porque se quedan atrapados.

La lluvia es constante, por eso las hierbas del monte crecen tanto. Es una lluvia torrencial. En las ciudades las calles parecen ríos. A veces la nube se vacía rápido y desaparece.

Las chozas tienen un alero grande que las protege del agua a pesar de las rendijas; la lluvia sólo se mete cuando viene muy de lado. El piso no se moja porque hacen un bordo de tierra alrededor de la choza o le hacen salida al agua.

En la selva, cuando el río viene crecido, no se puede pasar, el agua rebasa los puentes. Hay que esperar a que baje la creciente, lo cual ocurre en horas, a veces hasta el día siguiente, aunque hay ocasiones en que baja muy rápido.

La lluvia

El agua

En Chiapas abundan las cascadas: Mi Sol Ha, Agua Azul, El Chorreadero, Las Nubes y otras.

A El Aguacero se llega en auto hasta donde se empieza a bajar unos 200 metros por la ladera. Luego hay una escalera de 1 200 escalones en partes de concreto y en otras sólo de troncos y tierra. Termina y todavía se sigue bajando. El agua sale por un túnel natural, es un río subterráneo. No se puede entrar al túnel porque está lleno de murciélagos.

En tiempo de aguas el río sube más. La altura de la caída del agua es de unos 30 metros, el chorro se extiende y luego se pulveriza, se vuelve un verdadero aguacero. A veces cae como una cortina de agua o dividida en chorros muy delgados. Abajo corre y se funde con otro río. El cañón es muy profundo, parecido al de El Sumidero. Tiene unos 1 200 metros de hondo.

El río de El Sumidero, en lo más ancho, llega a medir hasta un kilómetro. La profundidad del agua alcanza en algunos puntos alrededor de 475 metros. Es el que forma la Presa de Chicoasén, la quinta de tamaño en el mundo.

Colores del agua

En las cascadas de Agua Azul el agua es verdaderamente azul, menos cuando llueve muy fuerte; entonces se pone turbia, achocolatada. Es azul en diferentes tonalidades. Hay en Chiapas otras lagunas con diferentes tonos de verde, como las llamadas Lagos de Colón.

Los lagos de Montebello cambian de color con la luz y la vegetación de su entorno, según la temporada. En tiempo de aguas son verde brillante y en el de secas verde apagado. Hay una laguna a la que le dicen La Esmeralda por la intensidad de su color verde.

Ahí hay orquídeas de gran variedad, algunas de un rojo intenso y otras de amarillo luminoso.

La selva

En las alturas hay poca flor y pocas orquídeas; en la selva
las orquídeas son increíbles, algo que se antoja fantástico,
parecen artificiales. Son de colores muy intensos, destacan
entre el follaje como pintadas. Algunas son de un rojo
medio o rojo oscuro o de amarillo muy brillante. Otras
veces sus colores son de extraordinaria delicadeza. En los
lagos de Montebello es donde se ven más. Abundan también muchas clases de flores, sobre todo blancas y amari-
llas; los mirasoles, el manto morado, blanco y azul.

   Cerca de los lagos de Montebello están las ruinas de
Chincultic. Por Ocosingo se encuentran las de Toniná.
Entonces ese terreno era propiedad privada y las piedras
labradas andaban regadas por el suelo entre la boñiga de
las vacas. Ahora ya reconstruyeron ese tesoro arqueológico.

   La fauna de la selva es muy rica. Entre otras especies
hay conejo, venado, jabalí, tepezcuintle, lagarto, tigrillo o
gato montés y otros ejemplares de fauna muy variada. Es
notable la cantidad y variedad de pájaros de los más visto-
sos colores: tucanes, guacamayas, papagayos y otros.
También hay grandes cantidades de cuervos, chanates y
urracas. Proliferan las aves de presa como águila, gavilán,
halcón.

En los ríos hay una especie de langostas que llaman acamayas. Se pescan en tiempo de secas en el río o en agua estancada. Se les deja en la noche una caja con pedacitos de pescado, lombrices o gusanos y en la mañana se sacan las que quedaron atrapadas.

Hay mucha culebra de agua y víboras de varias clases, no muy abundantes y algunas venenosas, como la coralillo y la cascabel. Los médicos llegaron a atender casos de mordedura de ofidio pero eran raros.

La selva chiapaneca es rica en maderas preciosas que para el indio sólo tienen valor utilitario. Los puentes rústicos para pasar barrancos están formados a veces por troncos de caoba, cedro blanco y rojo, encino, huanacaste; lo mismo las tablas con que están construidas las chozas. Estas maderas también se usan como leña.

Los pantanos y lodazales son comunes, sobre todo en los caminos más transitados. Se forma un barro que a veces llega hasta las rodillas y se queda uno atrapado. Hay que esperar el paso de otros caminantes para que les ayuden a desatascarse. No se hunde demasiado pero no es fácil salir.

Una vez nos quedamos dos atrapados. Como a las dos horas aparecieron unos campesinos que nos auxiliaron. A veces transcurre demasiado tiempo para que aparezcan otros caminantes, por eso no se aventura una persona sola por esos parajes, sino por lo menos dos o más y se camina a distancia uno del otro.

La corriente de los ríos tiene mucha fuerza, sobre todo en tiempo de lluvias. Si se mete uno al agua, hay que nadar sesgado para que no lo arrastre. No son ríos navegables porque no es constante el flujo. Sólo se pueden pasar en cayucos o por los puentes colgantes.

Caminando por la selva

Dos médicos y una enfermera iban a hacer un recorrido de consultas y pláticas de ocho días por las comunidades de Jerusalén, Gallo Giro, Loma Bonita, Santo Domingo y Nueva Santa Margarita Agua Azul. Tenían que cruzar varios ríos, unos los pasaron en *cayuco* y el último, el Santo Domingo, en la comunidad de Las Nubes, por el puente colgante.

Uno de los médicos vio una bellísima cascada a lo lejos por entre la selva y llamó a sus compañeros que se acercaron para verla. Al reunirse los tres en un punto se reventó el cable de un lado y se quedaron colgando. Sujetándose por los cables del otro lado lograron alcanzar la orilla a unos quince metros y se salvaron. Si llegan a caer no se libran de la muerte por la altura, la velocidad del agua y las enormes piedras entre las que pasa el río.

Los indios y campesinos de la zona tienen una condición física muy adecuada a las circunstancias en que viven. Los que vamos de la ciudad, a pesar de tener en ocasiones juventud o condición física, no nos comparamos con ellos. En otra ocasión, íbamos por la selva un grupo de médicos y enfermeras. Sudábamos a mares y nos acabamos el agua de las cantimploras. Nos detuvimos a descansar, agotados. En eso nos pasaron delante tres indios de corta estatura y muy delgados. Venían muy atrás de nosotros y no los habíamos visto. Nos dieron alcance a pesar de que dos de ellos llevaban cargando dos cajas de refrescos cada uno y el tercero una de cervezas y un costal de maíz. Nos saludaron muy atentos y se siguieron dejándonos con la boca abierta. Nosotros, con poca carga, teníamos que descansar para seguir, y ellos, cargados como burros, iban tan frescos.

A pesar de la belleza del paisaje, las comunidades se ven tristes, solas, silenciosas. Cuando la gente va por los caminos da impresión de tristeza, de desolación. La ropa es en algunos casos de colores chillantes, pero casi siempre se ve opaca y grisácea por el uso. Los cotones negros contribuyen al ambiente de melancolía. Las blusas de las mujeres están bordadas con flores de colores, pero los rebozos son oscuros.

Los animales que vagan entre las casas y en las cercanías también parecen tristes. Las reses y los cerdos (o cuchis) están muy flacos. Las gallinas y los jolotes tampoco engordan mucho.

El silencio, la quietud, son característicos de los poblados. Como los habitantes van descalzos, casi no se les oye cuando caminan. Aun en grupo, sus pisadas son apenas un leve rumor sobre la tierra. En las mismas asambleas la gente es callada.

Las campanas de la iglesia solamente repican los domingos cuando llaman a rezar con el rezandero. A pesar de que el cura católico llega raras veces a las comunidades, la gente vive intensamente su religión. Tienen varios santos, de los cuales uno es el principal. En los poblados chamulas cada barrio tiene sus propios santos.

Sólo cuando hay fiesta se alegra el ambiente con la música, los tambores y cohetes. Los juegos y las competencias desatan gritos y aplausos. Parece como si reviviera la comunidad.

El cohete sube con un silbo y el estallido rompe la madrugada, amplificado por el eco que retumba en los cerros. Los coheteros los prenden con cigarros y los truenan de uno en uno, aunque a veces entre varios de ellos estallan cuatro o cinco casi al mismo tiempo. No hay "toritos" ni luces de colores; son demasiado pobres para gastar en eso; se conforman con la breve felicidad del estallido.

La Secretaría de Agricultura y Recursos Hidráulicos (SARH) llevó el juego de básket a las comunidades. Instaló canchas, la mayoría con piso de cemento; el de la comunidad 20 de Noviembre era de tierra.

El juego de básket es uno de los mayores motivos de alegría y bullicio. Casi es lo único que juegan en equipo. Raras veces los vi jugando futbol, y béisbol nunca. Se lo toman muy a pecho, sobre todo cuando hay competencias con equipos de otra comunidad o de otro grupo. Entonces sí se entusiasman. El juego contribuye a la socialización, la identificación del grupo, la relación amistosa.

Cuando llegué a la comunidad, tenían dos balones muy maltratados y desgastados por el uso. Les regalé uno nuevo que se acabó en seis meses por tanto jugar. Les llevé otro de mejor clase que recibieron con mucho gusto.

Me encontré ahí con ese viejo amigo de mi adolescencia, el básket, lo que constituyó un motivo más de identificación con los tojolabales. Desconocían las reglas, se peleaban por arrebatarse la pelota, a veces abrazaban al que iba a tirar canasta para inmovilizarlo. Ignoraban que debía haber raya y tiro y los árbitros no sabían marcar bien.

—¡No se juega así! Eso es faul.

—¿Es qué?

—Falta. Mal hecho. Punto malo.

Se reían.

—No, es que el loctor no sabe.

Les expliqué las reglas; los empecé a entrenar botando la pelota y combinando la bola con las dos manos y al pecho; les enseñé a tirar, a fintar. Se reían mucho, lo disfrutaban enormemente. Expresaban su entusiasmo con puros gritos; conmigo aprendieron a echar porras y a gritar "Arriba la 20".

La cosa mala

—Sí hay vereda, pero no se puede llegar ahí.

—¿Por qué? ¿Qué puede pasar?

—Puede salir la cosa mala.

El miedo ancestral flota alrededor. Asoma a los ojos de Chepe.

—La vereda grande sale atrás del panteón y como a dos kilómetros aparece la otra más chica. Por ahí se sube; pero nadie sube.

—¿Por qué?

—La cosa mala puede llevárselo a uno pa'dentro de la cueva y no vuelve uno a salir. Es castigo de Dios.

El doctor capta el miedo del hombre, la sombra del tabú. Es un sentimiento contagioso.

La luz de la tarde declina afuera con tintes de melancolía. En la distancia se pierde el graznido de un pájaro. Una ráfaga helada se deja sentir por un instante.

En sus frecuentes visitas a casa de Chepe, el galeno trataba de sacarle información acerca de los antepasados del grupo; sus mitos, leyendas, cuentos; si conocía algunas canciones que se hubieran transmitido de generación en generación. Le habían hablado de unas ruinas mayas algo lejos de ahí, muy saqueadas y destruidas, casi ya sólo vestigios. Él quería saber si había cerca otras ruinas en mejor estado que nadie más que ellos conociera.

Nada. No sabían nada. En esas comunidades está perdida la memoria histórica. No saben más canciones que las del radio ni conocen otra música o danzas que las de los ladinos. Ni una leyenda, ni un relato, ni una poesía.

La memoria de Chepe, como la de toda la comunidad, se reducía al tiempo en que ese lugar fue la finca de Santiago y lo que de aquello escuchaban de sus mayores, quienes tampoco hablaban de un pasado más lejano. Él fue quien le contó acerca de la cueva.

—Si pasa uno por ahí, ni voltea. Sólo por verla puede suceder algo. La cosa mala está ahí adentro. Se han encontrado cerca huesos y pedazos de ropa.

Bajó más la voz.

—Han visto ofrendas en la entrada. Flores, restos de velas. Y no se sabe quién los lleva porque nadie se acerca.

El médico percibe el estremecimiento que recorre las carnes de Chepe.

—Hay procesiones allá arriba.

—¿Procesiones? ¿De qué? ¿De quiénes?

—No se sabe pero se han visto las luces en la noche trepar desde el panteón. Llevan un Cristo negro.

—Ah jijo... ¿Y cómo lo saben si nomás los han visto de lejos y de noche?

Chepe se encoge de hombros. No tiene respuesta. Dicen que el miedo se huele. Huele a miedo.

Chepe le contó cuando los tojolabales eran propiedad de la finca. Siempre vivieron ahí y nada anterior recuerdan. Al patrón le daban como renta algo de lo que producían; a veces le cuidaban sus animales o le trabajaban las siembras.

Algunos empezaron a murmurar. Aquello no estaba bien, el patrón los estaba explotando. Esas tierras habían sido de ellos antes de que llegaran los blancos o los mestizos.

No faltó quien le fuera con el cuento al patrón.

—Ya sé que Fulano y Mengano andan mal aconsejando a la gente y diciéndole mentiras. Eso está muy mal, la autoridad viene de Dios y Dios los va a castigar por ingratos y malas personas. Aquí tienen todo, yo me preocupo de que nada les falte; se les trata como Dios manda. La patrona es como una madre para ustedes. Es una maldad y una ingratitud muy fea lo que andan haciendo, pero se van a arrepentir, ya verán. Van a recibir el justo castigo de Dios.

Y sí los castigó Dios. Los que hablaban mal del patrón, los que anduvieron soliviantando a la gente, desaparecieron y no se volvió a saber de ellos. Hubo gran terror y aflicción.

Allá arriba en el monte, junto a la cueva, hallaron tiempo después pedazos de ropa y huesos de gente. El patrón les dijo que la cueva se había tragado a los desaparecidos.

—Dios los empujó para adentro y ahí se perdieron.

Desde entonces nadie quería pasar cerca del lugar maldito. Algunas veces vieron en la entrada cabos de velas consumidas y ofrendas florales secas, pero nunca se supo quién o quiénes las pusieron. Corrió el rumor de las procesiones misteriosas que más de uno había visto. Procesiones de sombras que portaban cirios parpadeantes. Rumor lejano de cantos muy tristes, como lloros, como lamentos.

No le era difícil pensar a alguien de fuera, que no participaba de la mentalidad de los comuneros, la verdad sobre los asesinatos, pero ¿la cueva? ¿Qué hay dentro de la cueva?

Una fuerte curiosidad aguijoneó al médico. Seguro que ahí se ocultaba algo extraordinario, quizá hubiera sido un santuario prehispánico. Imaginó encontrar estatuas, objetos históricos. Las ruinas en los alrededores indicaban que la zona estuvo habitada en tiempos antiguos, y debían quedar huellas.

—¡Vamos, Chepe!

—¡No, yo ahí no voy!

—Vamos con lámpara y llevo mi pistola. Total, qué puede haber.

—La cosa mala. Ahí adentro está la cosa mala. No quiero que me pase lo que a los otros.

El médico se dio cuenta de que no debía ser brusco ni burlarse. Recordó los choques con su propia familia cuando iba a visitarlos luego de su cambio ideológico. Una tía dejó de hablarle seis años por haberse declarado ateo. También lo aprendido en el internado rotatorio en las comunidades urbanas del Distrito Federal y algunas lecturas sobre experiencias similares le indicaban que debía tratar con tacto la cuestión. No obstante le impacientó el miedo irracional del hombre. Recordó que no debía demostrarlo. Había que cuidar de no hablarles fuerte, de no ofender.

—Llevamos sogas y que alguien nos cuide afuera. No va a pasar nada.

Estaba presente Matilde, la hija menor, de catorce años, que entendía algo la *castilla* y la hablaba un poco. Se echó a llorar.

—¡No vayan! ¡Ahí no, no!

Chepe, de unos cincuenta años, era padre de cuatro hijos, dos hombres y dos mujeres, los que le quedaban de diez que había tenido. En la zona se morían alrededor de la mitad de los nacidos vivos.

Los dos hijos mayores estaban casados y vivían en su propia casa. Quedaba con ellos un soltero Braúlio (así lo pronuncian ellos) y la jovencita. La mujer del Chepe, la Catarina, era monolingüe pero entendía la *castilla*. Opinó aterrada que nadie debía ir a ese lugar.

—No, no voy.

—Entonces deja que tu hijo me acompañe.

Braúlio tenía como veinte años y seguía bajo la tutela paterna. No quiso el padre pero él tampoco. Mostró más miedo que el viejo.

Aquello sólo consiguió que el médico se empeñara más en ir. Pensó en Enrique, el maestro bilingüe director de la escuela de la comunidad. Lo pescó en la primera ocasión.

—¿Sabes de la cueva? Vamos.

—No, loctor. Ahí no va nadie. Nadie se acerca porque puede salir la cosa mala.

—Qué cosa mala, carajo. Vamos. Llevo la lámpara y la pistola.

No se dejó convencer. El médico porfió en dos ocasiones más sin lograr que accediera. Un miedo invencible se lo impedía.

Festejaban a la Lupita, de cuatro años de edad, hija de Enrique. Acababa de ser bautizada. No habían podido bautizarla antes porque el sacerdote católico sube raramente a las comunidades y cuando llega a alguna avisan a las demás para que acudan los que quieren casarse por la iglesia o bautizar a sus niños. Enriquito, el menor, había muerto al año y medio sin bautizar.

El maestro, de 21 años y apariencia de adolescente, hizo un festejo al que invitó a los amigos más cercanos.

De madrugada fue con otros dos a pescar camarones al río. Utilizan una bolsa de plástico o una pequeña red donde ponen gusanitos o lombrices. Atraen a los camarones con la luz de un ocote encendido. Cuando entran tres o cuatro, los sacan y repiten la operación. En dos o tres horas logran pescar alrededor de un kilo de estos animalitos, un lujo por el trabajo que da atraparlos. Los ofrecieron como desayuno a los invitados especiales, al doctor, por supuesto. Estaban nomás cocidos en agua con sal.

—¿Por qué no les ponen cebolla, cilantro, salsita?

—Pos no... no sabemos.

La mera fiesta empezaría a la hora de comer. El doctor se quedó después del desayuno con pretexto de acompañar a Enrique y ayudarle pero ya tenía su plan. Había llevado dos botellas de aguardiente y comenzó a hacerlo beber.

La Romana, mujer del maestro, prepararía arroz y él se dispuso a matar un cuchi.

—Oye, pero está muy flaco.

—Es que no quiso engordar.

—¡Cómo que no quiso...! ¿No le diste maíz, no le diste alimento especial?

—No, pos no. Se le soltó pa' que buscara y nunca engordó.

Los cerdos andan sueltos por la comunidad. A veces les dan maíz, pero su alimento básico es el excremento humano.

—Pero ¿qué tanto le vas a sacar? Mejor no lo mates, con el jolote (guajolote) que va a preparar la Romana es suficiente.

—No, pero éste ya estaba destinado para esta fiesta.

Enrique y su familia vivían ahí mismo, en la escuela. Ahí se hizo la celebración.

Con toda intención el doctor se puso a beber con él. Buen bebedor, aguantaba más que el joven maestro; además cuidó de que éste bebiera más. Condujo la conversación hacia el asunto de la cueva.

—Pero ¿para qué quieres ir, loctor?

—¡No sea miedoso, chingao! Qué tal si encontramos algo de los mayas. A ustedes los han apendejado, no saben ni siquiera que descienden de un gran pueblo.

—Pos sí, pero...

—Vas a ir conmigo. Conmigo. Y llevo la pistola.

Le siguió sirviendo bebida. Así les hacen los caciques para engañarlos, les dan de beber y los comprometen. Apeló a su hombría.

—Me vas a salir conque eres un pinche mariquita miedoso. ¿De qué tienes miedo, carajo?

Ya se habían ido la mayoría de los invitados. Quedaban algunos muchachos del comité de salud. Todos se dieron cuenta de la conversación. Romana, un poco pesada por su avanzado embarazo, se mostraba inquieta.

El doctor invitó a los jóvenes.

—A ver, ¿quién es el más hombre de todos?

Ninguno. El más joven le recordó a Enrique que el asunto se había tratado una vez en asamblea.

—Melquiades propuso que fuera un grupo a explorar la cueva y todos se le echaron encima. Se acordó no volver ni a tratarlo.

El doctor salió un momento a la letrina. Al volver se dio cuenta de que la Romana enviaba a Lupita a pedirle a su papá que no fuera. Aquello bastó para que la situación empezara a cambiar. Enrique, ya muy borracho, temió que se pusiera en duda su autoridad familiar. No faltaría más que mostrar sumisión a su mujer.

—Pos... a lo mejor sí voy.

—¿Palabra?

Romana se apresuró a atajarlo. En tojolabal le dijo

que no diera su palabra. Ellos respetan mucho la palabra dada.

—Y qué. Ya me está convenciendo el loctor. Y vamos. Ora voy y voy. Sí voy.

—Te vas a arrepentir, —gimoteó la mujer.

—No te asustes, Romana. Enrique es muy hombre y va a ir conmigo. Qué tal si encontramos cosas antiguas y hacemos un museo de la comunidad. Qué tal si encontramos piezas de oro. Cerca de mi pueblo, en Zacatecas, hallaron una vez en una cueva una ollota así llena de monedas de oro.

Los ojos de Enrique se alegraron.

—¡Y si encontramos algo, nos lo repartimos!, —acotó el médico.

Eso le gustó mucho al maestro.

—¡Sí, sí vamos!

—¿Quién de ustedes nos acompaña? Necesitamos que alguien se quede afuera de la cueva y nos espere.

Los jóvenes se removieron en los asientos. El miedo volvió a hacerse presente.

—Órale, no sean miedosos. Necesitamos que alguien nos cuide la entrada.

El compromiso con el doctor...

—Bueno, yo voy, pero no entro, —dijo Aniceto.

—¡Enrique, te vas a arrepentir y ya diste tu palabra!, —se quejó Romana de nuevo.

—No me salgas luego conque te rajas porque tu mujer te mete miedo.

—No, loctor, cómo.

Al otro día, ya en su juicio, trató de eludir el compromiso.

—Loctor, es que es muy peligroso.

—Ni modo, diste tu palabra y ahora cumples. Y no digas que te engañé, no te emborraché a propósito. Fui a brindar contigo por tu hija. Aceptaste porque quisiste.

No había más remedio que cumplir. Antes de salir se echó dos copas de comiteco para curarse la cruda por el exceso del día anterior o para vencer el miedo. Llevaron dos rollos de sogas gruesas.

El doctor había aceitado previamente su pistola, una 22 larga, y llevaba balas de repuesto. Apenas había desayunado un café y un par de tortillas, sin hambre, excitado por la curiosidad y por un miedito lejano, sabrosón, que le ponía pimienta al asunto.

Fueron por Aniceto.

—Pero yo dije que no entraba. Nomás cuido afuera.

Salieron como a las diez de la mañana. No quisieron ir temprano para que hubiera más luz. Pasaron el panteón, donde todavía se veían ofrendas. Acababa de pasar el Día de Muertos. El punto se encontraba en un cerro, al lado de la montaña que es altísima.

—Tal vez ni la vamos a encontrar, loctor.

—Sí la vamos a encontrar, Chepe me dio todas las señas.

A pesar de la gran asistencia de los días anteriores, la vereda que subía por la parte de atrás del panteón se notaba muy poco transitada. Luego encontraron la otra más chica, la que le había dicho Chepe. En algunos tramos estaba casi borrada.

Todavía en los vados se veían jirones de niebla. Los cantos aislados de los pájaros resonaban lúgubres. Hacía frío y soplaba vientecillo helado. Los dos tojolabales iban silenciosos.

Caminaron de subida cerca de una hora. Luego se dificultó la caminata porque había muchas piedras. Llegaron por fin. Entre yerbas y arbustos se veía la entrada de la cueva. Ahí la vereda se ensanchaba y destacaba nítida, como si se tratara de un lugar muy visitado. Frente a la entrada había residuos de ofrendas florales, de velas y veladoras.

—¿Y eso?

—Lo ponen aquí para que la cosa mala no salga.

—¿Quién lo trae?

—No se sabe. Nadie dice.

—Carajo, alguien tiene que traerlo. Ni modo que se aparezca solo.

—Loctor, es que sí hay milagros y sí hay apariciones.

Enrique se sobreponía al miedo. Estaba de por medio

el compromiso con el doctor. Aniceto temblaba apretando los dientes como si tuviera mucho frío.

Ataron un extremo de cada una de las sogas a sendos troncos de árbol y el otro a sus respectivas cinturas. Irían soltando los rollos poco a poco conforme fueran avanzando.

—Tú te quedas entonces a cuidar, Aniceto. Si nos tardamos demasiado avisas a la comunidad.

La entrada era pequeña, como de metro y medio de ancho y un poco más de alto. Caminaron unos tres metros, entre piedras, alumbrados por la lámpara de pilas del doctor. Entraba un poco de luz de afuera pero como a los seis metros de profundidad, la cueva daba vuelta y la oscuridad era completa.

De súbito se desataron agudos chillidos y aleteos. Eran unos alarmados murciélagos.

—¡Vámonos, loctor!

—Nada de vámonos, camínele. Mueva las manos para que no nos vayan a morder. No atacan si no se les agrede. No tenga miedo.

La verdad el médico empezó a sentir miedo. Si alguno de los animalejos los mordía tendrían que vacunarse por el peligro del contagio de rabia. Pero no eran más de tres o cuatro y escaparon en seguida o se escondieron en algún recoveco al abrigo de los intrusos.

Gracias a la lámpara podían avanzar. Paredes y techo eran de piedra húmeda, en algunos lugares con filtraciones.

Algo destacó en el piso. Eran pedazos de osamentas humanas. Por las diferencias de tamaño de los huesos largos debían pertenecer por lo menos a tres individuos. Fémures y fragmentos de costillas, vértebras, todo como de treinta o cuarenta años de viejo, muy carcomido.

—Estos son los que desaparecieron. O los mataron aquí o aquí vinieron a dejar los cuerpos. Se los han de haber comido los animales.

—Ya no sigo.

—No se raje, pinche Enrique. No pasa nada.

El círculo de luz recorría el interior. En parte las paredes estaban ahumadas como si hubiera entrado gente con ocotes encendidos. Había trozos de soga casi deshechos y un pedazo de cuero; restos de carbón, cenizas y de otras ofrendas: palmas muy secas, ramas de pino casi reducidas a polvo, tallos como de flores muy secos también.

El doctor esperaba con ansia encontrar un ídolo, piedras labradas, algún objeto prehispánico.

—Aquí hay unos tepalcates.

Los examinaron a la luz de la lámpara. Eran trozos de jarro sin antigüedad. Siguieron buscando. La cueva no tendría más de unos veinte metros de profundidad con algunas ramificaciones también poco profundas. ¿Había algún precipicio a donde hubiera caído alguien a quien se le hubiera acabado la tea? ¿Algún pozo? Algo que justificara las desapariciones. Nada.

—¿Nunca vinieron a explorar?

—No.

Fuera de osamentas y ofrendas, nada de interés. Decepcionante.

—¿Lo ves?

—Pos sí, pero... Uno es bien miedoso, pinche cuevita.

Aniceto descansó al verlos salir. Entre ir y volver hicieron unas tres horas y media.

Hubo gran revuelo en la comunidad cuando se enteraron de la visita a la cueva. Citaron de inmediato a asamblea, para las cuatro de la tarde del mismo sábado. Estaban todos muy enojados porque no se pidió permiso para ir. Regañaron al maestro. Al doctor le preguntaron qué buscaba, por qué había ido a ese lugar.

—¿No le habían dicho que ahí está la cosa mala?

—La cosa mala no existe. Lo que encontramos fueron restos de los que el patrón mandó matar. A los padres y abuelos de ustedes les dijeron que Dios los había llevado a la cueva para castigarlos. Los asesinaron y dejaron ahí sus cuerpos.

No se convencieron.

—Loctor, es que algo malo te pudo haber pasado. Algo malo te puede pasar. ¿Te sientes bien?

Estaban afligidos, angustiados. El médico se reía.

—Claro que me siento bien.

—Yo por eso no entré, —dijo Aniceto.

El miedo seguía. Eso no podía haber terminado ahí. Los osados, sobre todo el doctor, lo pagarían caro.

Se tomó un acuerdo: para salir a otro lado, aunque fuera acompañado por gente de la comunidad, el doctor tenía que avisar. Le gustaba mucho salir a caminar, escalar cerros, ir a otras comunidades. No debía hacerlo sin dar aviso.

Chepe anduvo un tiempo preocupadísimo. Algo muy malo iba a pasar.

Un primo de Aniceto, que regresó tiempo después de haber salido a trabajar a la ciudad, le preguntó al doctor si no sentía nada.

—Sí, me siento muy contento por haber entrado a la pinche cueva. Si no me hubieran querido acompañar, habría ido solo pero entonces no me lo iban a creer.

Nomás se reían. Después no se volvió a mencionar.

Los vacuneros

Personas de Comitán o de Margaritas, desempleados con estudios de no más de segundo, tercero o cuarto grados de primaria, eran los componentes principales de las brigadas que formaba la Jurisdicción de Salud para ir a las comunidades a vacunar. La gente los llamaba "los vacuneros".

Les impartían un curso de adiestramiento rápido de dos o tres días con cuatro o cinco horas cada vez. Les enseñaban los diferentes tipos de biológico (vacunas), la dosis que debían aplicar de acuerdo al tipo, y practicaban entre ellos mismos las diferentes formas de aplicación: subcutánea, intramuscular, oral. Los instruían respecto a las contraindicaciones, o sea cuándo no se debe vacunar.

La cuestión no era nada sencilla dadas las condiciones en que debían actuar, además de su poca preparación. El biológico se transporta en un termo con hielo (red fría) que contiene una rejilla para que el frasco no entre en contacto con el hielo porque se congela y se echa a perder; y cada tipo diferente requiere mantenerse a una temperatura adecuada, de seis a ocho, diez o doce grados, según su composición, a fin de que no pierda efectividad.

Los vacuneros llevaban el termo cargado y se transportaban unas veces a pie y otras a caballo. Con frecuencia, debido al movimiento, el frasco con el biológico se caía de la rejilla al hielo. En otras ocasiones duraban más de ocho días viajando por las comunidades. El hielo se deshace en dos o tres días y la vacuna, a la temperatura ambiente, ya no sirve.

Muchas veces los vacuneros no sabían identificar las contraindicaciones ni la aplicación correcta, e inyectaban intramuscular una sustancia que debía ponerse subcutánea o al revés. Tampoco controlaban siempre la cantidad de gotas de la vacuna oral que debían administrar.

Llegaban a encontrarse sin intérprete y no se entendían con los familiares del niño. O se aplicaba la primera dosis de una vacuna y no la segunda y tercera, o no se aplicaba el refuerzo que debe administrarse al año.

Los familiares ignoraban casi siempre la edad del niño y no identificaban los tiempos en que debían suministrarle las dosis siguientes o los refuerzos. Encontramos casos en que habían dejado pasar hasta cinco años sin ponerle la segunda o tercera dosis o el refuerzo a la criatura.

En las comunidades no había registros; se entregaba una cartilla de vacunación a los familiares. Con la humedad y el descuido muchas cartillas se borraban o destruían.

Cuando llegaron los médicos se empezaron a llevar registros de vacunación. Había que empezar de nuevo el esquema; asegurarse de que el niño estuviera sano para vacunarlo, que el biológico estuviera en condiciones, que la dosis fuera la adecuada y las jeringuillas estériles.

En cambio los vacuneros no tenían suficientes jeringuillas desechables; desconocían la técnica para utilizarlas y empleaban a veces la misma para varios niños No disponían de "papel testigo", que con el cambio de color indica si existe esterilización o no.

Los mismos pasantes teníamos que llevar las jeringas a esterilizar a Comitán o echar mano de recursos como utilizar la olla exprés de guisar, —los que la teníamos—, como autoclave.

No eran ésas las únicas dificultades; había que luchar contra prejuicios, superstición, ignorancia, manipulación, desconfianza de padres y familiares. Si el niño vomitaba o le daba fiebre o tenía cualquier otra reacción con la vacuna, los padres se asustaban y ya no los llevaban a la siguiente aplicación. O si sufría trastornos después de la BCG por su mismo estado de desnutrición, creían que la vacuna le había provocado la tuberculosis.

Los curanderos los prevenían contra la vacunación. Les decían que era para esterilizarlos. Para convencer a la gente, los médicos debíamos persuadir primero al comité de salud que formábamos en cada comunidad con personas nombradas por los propios vecinos.

Los migrados de las comunidades de la selva, que provenían de diferentes partes del estado de Chiapas y algunos de Poza Rica, Veracruz, eran en su mayoría jornaleros y de extracción obrera. Tenían otro nivel. Ellos nos explicaron que los vacuneros no siempre cumplían con su deber; que en ocasiones no acudían a las comunidades e inventaban los datos para justificarse. Recordamos que eso ocurría también con internos de pregrado en el Distrito Federal. Algunos inventaban los datos de las encuestas censales y se reían de los maestros. Si eso sucedía entre internos y pasantes, cómo no iba a pasar con personas de mucho menor nivel y responsabilidad, que afrontaban muy malas condiciones y muchas dificultades para cumplir con su cometido; con una paga muy baja, además.

Los médicos pasantes y las enfermeras, en cambio, constituían mano de obra calificada, aunque también mal remunerada, pero eran personas que trabajaban no por un sueldo sino por una convicción; tenían la sensibilidad de ir desde el Distrito Federal a las comunidades a sabiendas de las incomodidades, a veces sacrificios y deficiencias a las que se enfrentaban, de la lucha que se debía librar también contra las incomprensiones. Teníamos que ir a pelear con los burócratas de Servicios Coordinados para que nos entendieran y nos apoyaran, cosa que no siempre se lograba.

Pero quién iba a quitarnos la satisfacción de salvar una vida; de aliviar un dolor; de calmar la angustia del enfermo y sus familiares. Uno se sentía realizado aunque tuviera que caminar siete horas para efectuar una sola consulta y llevar la salud, el consuelo a una persona, a una familia.

Toda la comunidad sabía de los éxitos.

—Ese loctor sí sirve.

Costó mucho romper barreras, acabar con la desconfianza. Al principio no todos estaban convencidos y no faltaba quienes escondieran a sus niños para evitar que fueran vacunados. Llegaba luego una endemia y morían los que no estaban vacunados y los inmunizados se salvaban. Así empezaron a darse cuenta de la utilidad de las vacunas y de la presencia de médicos y enfermeras, del beneficio que recibían de la preparación de los comités y de la organización de la comunidad.

El comité de salud funcionaba incluso en ausencia del médico o enfermera. Iban por biológico para vacunar a los niños de su comunidad. Disponían de una farmacia comunal y estaban capacitados para dar primeros auxilios y algunos hasta para proporcionar atención médica de primer nivel. Fue un gran avance con respecto al nivel anterior a la implantación del modelo.

Fiesta en la escuela

Uno duerme el sueño profundo del descanso; de la tranquilidad del deber cumplido. Al menos en domingo se puede disfrutar un rato más del reposo... cuando un fuerte estrépito lo hace saltar de la cama. Del patio de la escuela llega la desafinada estridencia de una corneta seguida del estruendo de absurdos tamborazos.

—¡Ay, en la madre! ¿Dónde estoy?

Se le vino a la memoria al médico la calle donde viviera en el Distrito Federal, vecina del Colegio Militar, y la espantosa joda de las marchas constantes.

No acababa de asimilar lo que ocurría cuando sonaron golpes insistentes en su puerta.

—¡Loctor! ¡Loctor!

—¿Qué pasa?

Era el maestro Enrique.

—Levántese que vamos a izar la bandera. Acuérdese que tenemos fiesta. Lo estamos esperando.

—Pues mucho gusto.

Claro que el médico sabía que ese día iba a festejarse el aniversario de la Revolución, del que la comunidad llevaba el glorioso nombre, pero...hasta de la revolución se reniega cuando le fastidian a uno el sueño. Una cosa es despertar el fervor patrio en la comunidad y otra despertarlo a uno en domingo y a esa hora. ¿Qué no se podrá rendir homenaje a los héroes un poco más tarde? La patria es eterna, uno nomás tiene esta pinche vida.

—A mí no tienen que despertarme nada, por lo menos después de la frieguita de la semana.

Media vuelta para el otro lado de la cama y... ni modo. No se puede desairar. A levantarse. Y a poner buena cara.

Los maestros son entusiastas y saben comunicar el entusiasmo a la comunidad. Ya estaban reunidos en el patio de la escuela alumnos, padres de familia y demás vecinos. También invitados de otras comunidades.

Dos chamacos con corneta y cuatro más, dos chicos y dos chicas con tambores, daban rienda suelta a su patriótico fervor con desafinados toques y disparejos tamborazos, a la par que obedecían las órdenes del maestro.

—¡...atención! ¡Firmss! ¡Ya! ¡Dee frente! ¡Marrch! ¡Ya!

Lo más alejado del garbo militar, pero ¿qué se podía hacer? Era el primer año en que se reanudaba el funcionamiento de la escuela tras casi treinta años cerrada. Y los instructores de la banda eran los mismos maestros, de los cuales el más aventajado en estudios era Enrique, con cuatro años de primaria y el cargo de director del albergue y la escuela.

—Es una autoridad, comentaban sobre él sus vecinos.

—Fue a estudiar a Margaritas.

Ciro, su padre, se sentía muy orgulloso.

—Yo me sacrifiqué para que mi hijo tuviera estudios. Le llegué a mandar hasta diez pesos semanales.

Los tambores y cornetas acababan de llegar para la fiesta de aniversario de la 20 de Noviembre. Se los entregaron a los maestros en la Jurisdicción y les dieron unas cuantas indicaciones para su uso. Con ese bagage de conocimientos entrenaron a los alumnos.

Tras un toque solemne la bandera fue izada.

—¡Saludar!

De pie, los concurrentes saludaron a la bandera.

—¡Y ahora todos a cantar nuestro glorioso himno nacional mexicano!

La banda hizo vibrar en el aire las notas marciales del himno, muy desafinadas pero con mucha voluntad. Sólo que nadie se lo sabía y menos en *castilla*. Los únicos que cantaron fueron los maestros.

Después, en honor del loctor, la banda atacó con energía algo que pretendía ser la marcha Zacatecas. Nada más se sabían una estrofa que él les había enseñado y la repitieron seis u ocho veces.

Los vecinos estaban muy contentos porque ya tenían su propia banda.

—Qué bonito tocan, ¿verdad?, —le comentó Chepe al médico.

Le hizo notar luego:

—La gente anda de gala, loctor. Las muchachas se bordaron sus blusas para la fiesta.

Cuando más la diferencia se notaba en que la mayoría llevaba ropa limpia, en las blusas nuevas de las jóvenes y en las peinetas que lucían en el cabello.

El director anunció un "desfile militar" que ejecutaron los alumnos con pasos disparejos. Las edades de los educandos eran muy disparejas también debido al tiempo en que había permanecido cerrada la escuela. Los había desde seis hasta diecisiete años.

—¡Ffflan... co derecho! ¡Derecha! ¡Ya!

Algunos entendían y otros no y daban la vuelta al revés, pero la gente no se reía. Lo tomaban muy en serio.

Después el director pronunció una alocución referente a la fecha. Habló de los beneficios que la revolución, iniciada el 20 de noviembre de 1910, había traído al pueblo mexicano; beneficios que la Reforma Agraria había llevado a ese rincón de la Patria y a toda la zona tojolabal; habló de las escuelas como ésa en la que se estaban educando los hijos de la comunidad. Les hablaba en *castilla* y luego traducía.

—Y todo esto lo debemos a los que dieron su sangre y su vida por esta revolución; al que la inició, al precursor y mártir...

Hizo una pausa. Tosió.

—Al precursor y mártir...

El médico le notó la angustia.

—...al que dio su vida para que nosotros tuviéramos una patria mejor, a...

En voz baja pidió ayuda.

—¿Cómo se llama, loctor?

—Aquiles Serdán.

—... al precursor y mártir Aquiles Serdán que fue sacrificado por la policía porfirista en un día como éste, 20 de noviembre, que hoy estamos festejando.

Habló después el representante del INI, dio un informe sobre los apoyos, trabajos y obras que esa institución había hecho en la zona.

—Ahora le pedimos al loctor que hable.

—Es la primera fiesta que comparto con la comunidad.

Breve discurso improvisado en el que trató de expresar el gusto de convivir con ellos. Sólo aplaudieron dos o tres. El médico se sintió mal. ¿No les gustó?

Enrique tradujo y entonces aplaudieron todos y gritaron muy contentos.

Se sirvió luego el desayuno a los alumnos y maestros del albergue y después se reanudó la fiesta con juegos de competencia: salto de garrocha, carreras, carreras de costales.

Estaban jugando básket cuando llegó más gente del INI: el agrónomo, el antropólogo, el veterinario, un técnico de la CONASUPO y el chofer que manejaba la camioneta donde venían.

Los recién llegados, al verlos jugar, propusieron una retadora. Invitaron al médico a hacer equipo con ellos, pero se puso del lado de los de la comunidad.

—No, yo soy de aquí.

Los tojolabales se quedaron estupefactos. Para ellos lo natural habría sido que el pasante formara equipo con sus iguales. Fue un gustazo para todos. Enrique hizo señal a la banda y atacaron otra marcha, felices todos con la decisión de su médico.

Se llevó a cabo la retadora con árbitro y mediación de un maestro y uno del INI. Para que fuera mayor la alegría, ganaron los de la 20. Enrique tomó el micrófono y dijo que para ellos había sido un honor que el loctor aceptara hacer equipo con la comunidad.

—Yo nunca había visto algo así.

Los aplausos, gritos y vítores no se hicieron esperar.

—¡Arriba el loctoooor!

Se sirvió bebida a los adultos, como de costumbre, en una sola copa que iban pasando entre todos.

Los padres de familia regalaron galletas de animalitos y dulces que los encargados de atender sacaban a puños de las bolsas y los depositaban en las manos de los asistentes.

Media docena de jolotes, colgados de las patas, esperaban al matón, que los sacrificó con gran habilidad. Se ofrecieron con arroz, algo de verduras y chile. Mató también un marrano que se sirvió cocido con calabazas y col.

Al final se hizo un agradecimiento a los maestros asistentes de otras comunidades y a todos los demás invitados.

Le comentaron después algunos vecinos al loctor que la fiesta había estado muy bien organizada por el maestro Enrique a través de un programa. Por curiosidad, el médico habló con él.

—¿Que hiciste un programa?

—Sí, claro. En Margaritas nos enseñaron a hacer programas. Tenemos hartos: de horticultura, de cocina, de nutrición.

El médico estaba asombrado. Le pareció un buen adelanto.

—También tenemos programas de educación física y de todos los deportes.

—¿De cuáles ?.

—Pos de todos los que nos sepamos.

—Pero a ver, ¿dónde están los programas?

—Pos allá en Las Margaritas nos los enseñan, loctor.

—Pero ¿se hizo el de la fiesta? Yo no lo vi.

—Claro que se hizo y muy bien organizado.

—¿Dónde lo tienes? A ver, enséñamelo. Enséñame el papel donde lo escribiste.

—¡Ah no! Escrito no. Los programas los tenemos, pero aquí en la mente.

Al día siguiente hubo gran cantidad de casos de diarrea. El marrano tenía cisticercosis y además la carne estaba pasada.

La obra de teatro

Mención especial merece una obra de teatro que se representó en dicha fiesta. Se llamaba "La lucha por la tierra". La idearon los maestros. Se la platicaron a los alumnos de la primaria y les repartieron los papeles, —sin papeles, nomás platicados—, y cada uno improvisaba lo suyo. La representaron en tojolabal. Los que no entendíamos el idioma, sabiendo cuál era el tema y por las actitudes, pudimos comprender el desarrollo.

Un poco por imitar la situación anterior a la revolución en la celebración de su aniversario, se trató la cuestión de la tierra, pero actualizada. Mencionaron desde el momento en que una comunidad hacía la solicitud para la ampliación del ejido en las oficinas de la Reforma Agraria. El burócrata que los atendía era representado como un tipo muy panzón, prepotente y arbitrario. Les pedía "mordida" (cohecho), los condicionaba, los hacía llenar gran cantidad de papeles.

—Tráiganme tanto dinero para gestiones.

Los hacía dar vueltas, los engañaba, los trataba mal y les sacaba dinero. Acudía otro grupo a pedir tierra y pasaba lo mismo. La obra exhibía el "tortuguismo" (lentitud deliberada), burocracia, corrupción, engaño, abusos, pro-

mesas incumplidas, defectos clásicos de la Reforma
Agraria. Como ocurre en la realidad en muchos casos,
enfrentaban a los dos grupos de campesinos solicitantes
unos contra otros. Transcurría mucho tiempo de falsas ilu-
siones y de sacarles mucho dinero, cosa que también se
ajusta a los hechos, hasta que los campesinos se cansaban.
Buscaban rifles, palos y machetes y tomaban la tierra con
violencia.

La obra tuvo mucho éxito. Mientras estuvimos ahí se
representó dos veces. Como los maestros sólo les hacían
indicaciones a los niños y éstos improvisaban, la segunda
vez no salió igual y el público protestaba.

—¡No, así no! Ahí no dijiste eso.

Intercambiaron con los asistentes y éstos hacían
correcciones que aceptaban los actores con la complacencia
general.

Fue muy notable la comprensión del problema y la
solución que le dieron. Con frecuencia se cree, por parte de
las autoridades, que los campesinos, sobre todo los indios,
no se dan cuenta del engaño, burla y abusos de que los
hacen objeto. Y aunque se den cuenta, no van a reaccionar.
Con esa representación vimos que tienen claridad sobre el
asunto. No deja de ser premonitorio el que imaginaran una
salida violenta.

Organización interna

Los tojolabales se rigen principalmente por las formas de organización que estableció la Reforma Agraria. Las autoridades de la comunidad son el comisariado, el tesorero, el consejo de vigilancia y los vocales.

El comisariado es una especie de delegado municipal. El tesorero recibe las cuotas que se acuerdan para gastos de la comunidad. El consejo de vigilancia se encarga de cuidar que nadie se salga de lo establecido. Los vocales apoyan en las comisiones y suplen a los titulares en sus funciones cuando están ausentes, enfermos o muy ocupados.

Cada comunidad tiene sus castigos internos y su propia cárcel. En la 20 de Noviembre usaban el cuartito que había sido utilizado con ese fin desde los tiempos de la finca. Fugarse de tan simbólico encierro sería lo más fácil del mundo, pero no se escapan. Tendrían que irse no sólo de la comunidad sino de la zona y ya no podrían regresar, y ¿a dónde se van? La comunidad es su mundo, su familia, su territorio propio. Y en las demás comunidades se conocen todos. Cada etnia se identifica por la vestimenta y el habla. "Ése es tojolabalero, ése es chamula, aquél es tzeltal, el otro es tzotzil". Es imposible ocultar la procedencia de un individuo, y ellos mismos no conciben negarla. Por otra parte, son incapaces de la astucia necesaria para mentir.

Mentir es diferente a ser hermético. Cuando tienen que callar algo, lo callan a morir; pero la mentira está excluida de su cultura y forma de ser. Decir la verdad no es ni siquiera virtud sino esencia. La mentira les es ajena. Tampoco roban. Por lo menos así era cuando tuvimos aquellos primeros contactos con la zona por los años setentas a ochentas.

La justicia y los castigos se discuten en la asamblea. A los asesinos los entregan a la cabecera municipal. Sin embargo, cuando ocurre un homicidio en los alrededores y no se sabe quién es el responsable, las autoridades municipales, por lo común, en lugar de investigar, culpan a la comunidad más cercana y la castigan con una multa. Como no pueden multar a un individuo por su extrema pobreza, obligan a la comunidad a pagar. Las multas son exageradas, sobre todo tomando en cuenta la escasez de recursos de los campesinos.

Las autoridades de las cabeceras municipales son arbitrarias. Muchas comunidades son multadas por crímenes que no se cometieron ahí. No importa más que sacarles el dinero, y para lograr la extorsión los amenazan con el ejército. Los tojolabales le tienen gran temor al ejército y en general a cualquier uniformado por los atropellos de que se les hace objeto con frecuencia aprovechando su indefensión.

Las comunidades tojolabales constan de iglesia, escuela, cancha de básket y chozas alrededor con su huerta cada una. Las viviendas eran entonces de tablas de madera con techo de palma y piso de tierra. El fogón, en la gran mayoría de las chozas, estaba siempre en el piso, así que para guisar y echar tortillas las mujeres debían arrodillarse o ponerse en cuclillas.

Las comunidades más cercanas a las ciudades habían recibido desde mucho antes las aportaciones del exterior, pero la 20 de Noviembre estaba muy retirada y mal comunicada, y seguía con la mayoría de sus costumbres. Era similar a otras comunidades tojolabales pero también con muchas diferencias.

Algunas comunidades, pocas, contaban entonces con

agua entubada y luz eléctrica, pero casi todas carecían de lo básico. En la 20 de Noviembre no había servicios de ninguna clase.

Los caminos eran muy malos. De Comitán a Las Margaritas había sólo 18 kilómetros pavimentados. Hacia Altamirano había brecha con partes de terracería que desaparecía con las lluvias. Algunos caminos los abrían los troceros* con su paso constante, ocasionando grandes lodazales en tiempo de aguas y gruesas capas de polvo en tiempo de secas. El resto eran sólo brechas, también de tránsito difícil. Las reparaciones se hacían con piedras.

No había sacerdotes viviendo en las comunidades; éstas establecían sus propias autoridades religiosas con individuos elegidos por las propias comunidades a los que se asignaban funciones específicas. Los que saben guiar el rezo, los rezanderos, así como los que cantan alabanza, los que tocan tambores, músicos y coheteros y en general los que tienen cualquier cargo relacionado con la religión son personas que gozan de reconocimiento y presencia.

También las autoridades civiles son elegidas por la población de cada comunidad. La gente le da trato de especial relevancia al comisariado, muy diferente del trato al común de los vecinos. Esto se acaba cuando lo cambian. La deferencia es para el cargo, no para la persona.

El cambio de poderes se hace con gran formalidad cada dos o tres años. La duración en el cargo depende de que el elegido funcione bien. Si no cumple a satisfacción se le cambia.

El comisariado es el portador del sello de la comunidad, algo que se considera un gran honor y le atrae respeto. A veces los sellos son muy viejos. El de la 20 llevaba la leyenda "Campesinos de América, uníos. Ejido 20 de Noviembre, CNC" (central campesina oficial).

El comisariado es el único que tiene poder para citar a asamblea. Él tiene el cacho o cuerno de toro por medio del cual da aviso para las reuniones. Si lo tocaba, aunque fuera media noche, la gente acudía. Aun cuando hubiera anuncio

---

* Camiones que transportan madera.

previo de asamblea, debía tocar para que la gente se presentara o no iban. Lo mismo sucedía en la selva.

—Oye, maestro, —le dije alguna vez a Enrique—. Cita a asamblea.

—Yo no puedo hacerlo, habla con el comisariado.

—Pero es para ver el programa de salud de la escuela.

—No, yo no puedo, tiene que ser el comisariado, él es el que cita para todo.

Es una especie de patriarca, pero no tiene sueldo. Si debe ir a la cabecera municipal o a otra ciudad por cuestiones de su cargo, le pagan nada más los pasajes. Ni siquiera le hacen su trabajo agrícola. Hace un servicio a la comunidad que se le retribuye solamente con el trato honorífico.

El alférez se escoge entre los que tienen más dinero. Tiene que tener vacas o guajolotes (jolotes) porque las comidas y todos los gastos de las fiestas y la iglesia corren por su cuenta. Es un personaje, pero también sin sueldo ni más derechos que los otros, sólo se le recompensa con prestigio para él y su familia.

También hay encargados de los santos. Éstos visten las imágenes y les ponen veladoras. El día de la fiesta del santo proveen los cohetes y dan la comida a la comunidad. Cuando no llueve, el encargado y sus familiares encabezan la procesión para pedirle al santo que les traiga la lluvia. Le tocan música y echan cohetes "para que no esté triste su corazón" y les conceda el beneficio del agua.

Tocaban tambores en las procesiones y a veces un violín. Los religiosos de La Castalia les enseñaron muchas canciones. Aun para alguien ajeno a sus ritos y creencias, procesiones y acompañamiento con tambores resultan solemnes e impresionantes.

En la iglesia había músicos de la comunidad para tocar durante las ceremonias. Tenían un grupo de marimba. A veces tomaban parte en las fiestas músicos de otras comunidades.

Tuvieron tocadiscos conectado a una batería de carro o camión y tenía mucho éxito, pero lo más común y gustado era la música en vivo. Interpretaban piezas regionales de Chiapas y de otros lugares de la república. Creían que todas eran de ahí. No aceptaron cuando les dije que algunas de las piezas eran de otras regiones.

—Ésa que están tocando se llama"El Novillo Despuntado" y es de Sinaloa.

—No, loctor, es de aquí.

Tocaban y bailaban polcas, muy seguros de que era música chiapaneca. Las bailaban como se figuraban que debía hacerse. Los maestros pretendían enseñarles las diferentes formas de hacerlo. En las escuelas donde habían estudiado les habían enseñado de algunas más o menos cómo se bailan, pero no siempre había un conocimiento real y lo suplían con invenciones suyas. Intenté corregirles.

—Eso no se baila así, se baila de esta otra manera.

—No, loctor, tú no sabes.

Al principio se me hacía raro bailar con indias descalzas. También al principio ellos me miraban y se reían; luego ya no se fijaban en mí, excepto cuando ejecutaba algún zapateado norteño.

La sociedad de padres de familia se encarga del orden y de las necesidades del plantel. Los representantes iban a diario a la escuela. Según el director, era su obligación. La verdad es que fuera del trabajo, hay poco qué hacer, y la escuela es un centro de actividad. Tiene gran trascendencia, además de su función educativa, por las fiestas. Éstas juegan un gran papel para la comunidad. Aparte de las fiestas oficiales del 5 de febrero, 1 de mayo, 15 y 16 de septiembre y 20 de noviembre, se festejan con solemnidad el 10 de mayo, día de la madre y el 15 de mayo día del maestro. Aunque algunas sean ceremonias internas, se invita siempre a los padres de familia. A otras como la festividad del 20 de Noviembre, se invita a autoridades y funcionarios y a personas y maestros de otras comunidades.

Tras el festejo del 1 de Mayo, le pregunté al director:

—¿Ustedes saben qué son los obreros ?

—Cómo no, los jornaleros que van del campo a la ciudad.

Los curanderos

Los curanderos han tenido siempre gran importancia por el servicio que prestan a la comunidad y por el aura mágica de que se rodean. Los hay de diferentes tipos: yerberos, hueseros (sobadores), pulseros o pulsadores (los llaman así porque diagnostican tomando el pulso), parteras. Hay algunos que abarcan todas las especialidades.

Tienen conocimientos empíricos de psicología, le dan confianza a la gente y saben cómo tratarla para manipularla. Explotan su personalidad, su prestigio.

La gente cree en ellos no sólo por tradición o por ignorancia; el curandero tiene larga práctica y asimilación de las experiencias de los que desempeñan su oficio. Los secretos se transmiten del maestro al discípulo. Hay un conocimiento empírico sobre las enfermedades y la forma de tratarlas; están familiarizados con los síntomas de muchas de ellas y algunos de los procedimientos para curarlas tienen aspectos efectivos. Saben qué es bueno para tal o cual cosa y lo complementan con ritos mágico-religiosos como limpias, expulsión de "aire" y otras acciones. Las ceremonias y ritos forman parte fundamental de la curación; es la manera de impresionar al paciente e inducir su voluntad. La fe que depositan en ellos contribuye en muchos casos a vencer la enfermedad.

A veces le decían a alguien que no se iba a aliviar y no se aliviaba. La comunidad lo creía. Había casos en que el enfermo, si fracasaba con uno, intentaba la curación con otro curandero. Ellos se aprovechan de su prestigio y a veces entran en competencia.

—Fuimos a ver a una bruja mejor, pero es más cara.

La relación de un extraño con estos individuos es difícil. No se franquean. Guardan celosamente sus secretos. Se intentó a veces observar cómo efectuaban los "tratamientos", pero no permiten que alguien ajeno presencie sus ceremonias.

En general se siguió al pie de la letra el consejo que recibimos durante nuestra preparación de no contraponernos con ellos, de tratar de ganarlos y hasta de prepararlos para que su trabajo fuera más efectivo.

Al principio se pusieron en contra de los pasantes, hubo celos. Veían en el médico a un competidor y hacían lo posible por que la gente no se acercara a él. Sembraban desconfianza y reiteraban que éramos enviados por el gobierno, entidad de la que les sobran razones a los indígenas para recelar. De ellos salieron lo de que nos mandaban para matarlos. Cuando negábamos nuestra pertenencia al sector oficial, preguntaban:

—¿Quién les paga?

—La Secretaría de Salud.

—¿Y no es del gobierno?

Los pasantes se enojaban.

Existía una desconfianza generalizada de todo lo que fuera del gobierno. Su experiencia con las instancias oficiales era la de muchas promesas incumplidas o cumplidas a medias, programas interrumpidos, extorsiones y atropellos, además del lógico temor a lo desconocido.

Ya habían acudido a trabajar a la región diferentes secretarías e instituciones como la Secretaría de Educación Pública, (SEP), la Reforma Agraria, (SRA), el Ejército, la Central Nacional Campesina, (CNC), el Partido Revolucionario Institucional, (PRI), Petróleos Mexicanos (PEMEX), lingüistas, antropólogos, extranjeros; comerciantes mestizos como los "marraneros", que iban a comprarles los cuchis. Las comunidades tojolabales no estaban completamente aisladas, pero algunas como la 20 de Noviembre estaban poco penetradas.

No obstante el cuidado que se puso, la confrontación con los curanderos resultó inevitable, como cuando se comprobó la efectividad de las vacunas y los tratamientos científicos de enfermedades para ellos incurables.

Atanasio, presa de fiebres, desgano, tos incurable, anorexia, se presentó con el brujo. Tras observarlo, éste sentenció ante los afligidos familiares:

—Alguien le hizo "daño". No se puede curar.

Todo el mundo quedó convencido de que se iba a morir; y en efecto, siguió adelgazándose y llegó a un estado de completa postración. Ya casi no se levantaba.

Contra la opinión de todos, Marcelina, su mujer, y sus hijos, decidieron llevarlo con el loctor.

La gente lo vio mal, se molestaron con ellos. Era desafiar una autoridad reconocida. Aun así, se arriesgaron. Si había una esperanza para el jefe de la familia, lo intentarían.

Los síntomas eran evidentes. Bastó una ojeada, además de la hemoptisis (flema con sangre y tos). Le diagnosticó tuberculosis. Lo llevó a Comitán a hacerle análisis y placas. Tanto uno como la otra confirmaron el caso avanzado de la enfermedad. La baciloscopía resultó positiva y la placa reveló las cavernas pulmonares.

Se le puso de inmediato en tratamiento ante el enojo de muchos de los vecinos. Era retar al brujo y eso les resultaba inconcebible. Éste no se inmutó.

—Déjenlo, yo ya dije que no se va a aliviar y no se aliviará. De todos modos se va a morir.

Desde su punto de vista tenía razón. Había visto muchos casos similares y sabía que cuando alguien presentaba esos síntomas, su fallecimiento era inevitable. No contaba dentro de su farmacología y ceremonias con nada que fuera capaz de detener el mal. Y como pasaban los días sin que el hombre mostrara señales de recuperación, consideró seguro su triunfo sobre el médico.

El combate a la infección incluía, además de antibió-

ticos, una mejora en alimentación, hierro y complemento
dietético, visitas del médico y apoyo psicológico.

A los dos meses, Atanasio empezó a mejorar ante la
estupefacción e incredulidad generales. A pesar de que iba
recuperando poco a poco la salud, se suponía que recaería
de un momento al otro y sobrevendría el desenlace pro-
nosticado por el brujo.

Conforme avanzaban las semanas el paciente mejoraba notablemente y al fin se alivió por completo. Sus coterráneos abrían los ojos atónitos, pero ya nadie podía negar
los hechos.

—Volví a nacer, comentaba el hombre sonriente y
feliz.

Su familia estaba encantada y agradecidísima con el
loctor. Así se fue rompiendo la barrera de la desconfianza.

Cuánto se puede hacer...

Los casos que se presentaban fueron demostrando la efectividad de la medicina en diferentes terrenos.

Un tojolabal de la comunidad 20 de Noviembre, el Ciro, se había opuesto desde el principio a que llegara un médico a la comunidad. Estuvo manifestando constantemente opiniones contrarias y sembrando desconfianza contra él.

Lo atacó un dolor de muelas. Utilizó todos los remedios conocidos y cuando ya no pudo más, luego de una noche entera sin dormir, fue muy temprano a la casa de salud acompañado por el maestro bilingüe, porque no hablaba *castilla*.

—Sácame la muela, loctor.

—No se puede. Traes una infección bárbara.

Insistía en que el médico debía extraerle la pieza. No entendía, hubo que explicarle mucho que era un peligro grave hacer una extracción en esas condiciones. Casi a gritos, terco, porfiaba en que se la sacaran. El médico tuvo que ponerse muy enérgico.

—¡No!

Aceptó por fin que se le inyectaran ampicilina y neomelubrina. Por la tarde andaba muy contento, sin dolor. Además, al quitarle la infección, la pieza se salvó.

—¡No lo puedo creer!, —comentaba.

—Para que se te quite lo pendejo, —le espetó el maestro.

Jacinto andaba rozando el monte a machete. En un descuido se hirió la pierna izquierda cortándose la arteria tibial. La sangre no paraba. En casos como éste, si no se toman medidas rápidas, la hemorragia puede ser mortal.

El médico iba paseando entre las huertas, cerca de la casa de salud. Vio llegar a un pequeño grupo y supuso que andaban jugando. Se acercó y se dio cuenta de que Jacinto iba chorreando sangre. Urgía una hemostasia, o sea tapar la herida para detener el sangrado. Rápido buscó con qué hacerla. No tenía un lienzo a la mano y la ropa de manta de los indígenas no era lo más adecuado. Hay que utilizar cualquier recurso, no perder el tiempo. Recordó lo que había hecho su padre cuando en una labor similar, él se había herido la pierna. Se arrancó el bolsillo del pantalón y con esa tela suave tapó la herida. Luego dentro de la casa de salud la lavó y desinfectó y le dio unos puntos. Terminó cubriéndola con gasa y venda.

Se mandó traer toxoide antitetánico de Comitán para ponérselo y le administró tratamiento con antibióticos, pero antes de terminarlo, el paciente ya no volvió. Le incomodó la venda y se la quitó.

Días después se le presentó la infección. Se puso muy enojado con el loctor, "ni sirve", y ya no quiso ir a verlo. Fue a Comitán a curarse.

Ahí le explicaron que la herida se había infectado por haberla descubierto y dejado de curar.

—El doctor te salvó. Si no es por él te mueres nomás de la pura hemorragia o por el tétanos.

Una intervención oportuna podía salvar una vida con recursos elementales.

Luis, niño de cinco años, estaba cada vez peor. No comía y la diarrea lo minaba Lo habían llevado varias veces con la curandera y no mejoraba. Comenzó a arrojar sangre y permanecía tan postrado que se veía próximo al fin.

—Ya déjenlo, —opinó el padre desalentado—. No lo molesten más, de todas formas se va a morir.

Un vecino les sugirió llevarlo a la casa de salud.

—¿Para qué? No tarda en morirse, —opinaba también la afligida madre.

—Pos por si acaso. Vale la pena hacerle la lucha.

El médico se dio cuenta en seguida de que se trataba de una amibiasis aguda, pero lo primero era atacar la deshidratación. Preparó de inmediato suero natural —agua con sal y azúcar— y se lo administró casi a la fuerza porque ya no quería tragar. El niño se salvó y fue posible ponerlo después en tratamiento con éxito.

Se presentó en la casa de salud un grupo de alarmados tojolabales a llevar a Severiano, que vivía en la Justo Sierra y estaba de visita en la comunidad. El hombre iba muy mal, lleno de ronchas púrpura, con marcada insuficiencia respiratoria y muy baja presión arterial. Las uñas comenzaban a ponerse cianóticas por falta de oxígeno. Los amigos que lo llevaban estaban asustados, pero él lo estaba todavía más, al grado de presentar notable exoftalmos (ojos saltados). Los síntomas de alergia eran evidentes.

—¿Qué comió?

—Pos nomás unos camaroncitos que pescamos en el río, pero todos comimos.

En casos como ése la alergia puede desatar un choque mortal. De inmediato le inyectó avapena, un antihistamínico, y empezó a mejorar. En poco más de dos horas se compuso del todo.

El hombre estaba conmovido.

—Me salvó la vida.

La admiración que despertó el hecho fue muy grande. Veían al médico como si fuera un brujo muy poderoso. Sólo gracias a las explicaciones que se les daban y a la naturalidad con que el pasante lo tomó, admitieron que no se trataba de algo sobrenatural, sino que era consecuencia de lo que él había aprendido y lo que miles y miles de científicos habían logrado para la salud de la humanidad.

Los tojolabales vivían bajo la amenaza continua de la muerte, por eso se alarmaban ante cualquier síntoma de enfermedad. Una amigdalitis, una gastroenteritis podía matarlos por la desnutrición y falta de defensas de sus organismos; a cambio, reaccionaban con un medicación sencilla y dosis muy bajas.

Llegó a la casa de salud una afligida pareja con un niño como de año y medio del que decían que estaba embrujado, porque se mantenía en estado de fuerte agitación y lloraba continuamente, desesperado. No podían calmarlo con nada. Se asustó mucho al ver al doctor, que trataba en vano de tranquilizarlo. Cuando se le acercó, se retorcía, gritaba. El médico observó que se llevaba la manita al oído derecho y apretaba y frotaba.

—Sujétenlo bien, parece que tiene algo en el oído.

Costó mucho trabajo. Manoteaba y pataleaba defendiéndose, movía la cabecita, no se dejaba examinar. Inmovilizado a la fuerza, el médico pudo examinarlo con el otoscopio. Ahí estaba, negruzca, hinchada de sangre la causa de la terrible molestia.

—Es una garrapata.

Le puso unas gotas de aceite

—Ahora manténganlo de forma que le dé el sol en la orejita.

La madre lo abrazó con fuerza sosteniéndole de lado la cabeza. El repugnante bicho salió y fue aplastado contra el piso.

Los padres corrieron la voz de lo ocurrido y todo el mundo quedó maravillado; más de que el médico no tratara de explotar ni manipular el hecho, sino que se encogiera de hombros sonriente.

—No es ninguna hazaña.

Uno se siente inseguro al llegar, temeroso de la responsabilidad que se le viene encima. Y angustiado ante la escasez de recursos. Me falta práctica, me faltan conocimientos. ¿No iré a cometer muchos errores? Al enfrentarse a la tarea se da uno cuenta de cuánto se puede hacer con medios sencillos. Y de que vale la pena acudir, trabajar en esas condiciones. Sólo atender aunque sea una consulta, justifica el esfuerzo, los sacrificios, las incomodidades.

Mañosos

Desde las primeras veces que le tocó como intérprete, el médico advirtió que la joven maestra Edelmira no es como las demás indias. Su ropa se asemeja a la de las ladinas; usa vestidos y ya no se peina de trenzas. Trae el cabello sujeto en cola de caballo, a veces suelto.

No pertenece a la comunidad pero es tojolabal. A pesar de que sólo cursó hasta el 4° grado de primaria, el INI la seleccionó para emplearla como maestra bilingüe porque es muy lista, por lo bien que habla la *castilla* y por la disposición que mostró. Ante la aguda necesidad de maestros, el INI contrata a los más capaces en cuanto se pueden desenvolver como intérpretes y manifiestan inclinación por impartir enseñanza en las escuelas de las comunidades. A los que dirigen albergues y escuelas les brinda cursillos adicionales cada año.

Edelmira acaba de cumplir los dieciséis, edad a la que casi todas las muchachas tojolabales están ya casadas. Ella permanece soltera. Aparte de su forma de vestirse y arreglarse, algo más la distingue de las otras.

Las indias son tímidas, recatadas en exceso. Edelmira es desenvuelta, segura de sí misma; pero no es eso todo. Acaso la ropa hace resaltar las formas de su cuerpo que en aquéllas aparecen como veladas por un pudor natural.

No es bonita, sin embargo resulta atrayente. Al médico le parece percibir efluvios de hembra cuando se acerca a hablar con él, como si pusiera de relieve sus pequeños pechos erectos, y sus movimientos insinuaran, como al acaso, la breve cintura y las nalgas redondas y macizas; pero estas señales se esfuman en seguida si se acerca otra persona. Sobre todo cuando hay mujeres delante, la sexualidad de Edelmira se repliega.

Su instinto de hombre capta ciertos detalles; roces al parecer accidentales, un destello de los ojos, una sonrisa fugaz; el acercarse mucho para traducirle del tojolabal, hablándole al oído de manera que lo envuelve con su aliento y el aroma de su fresca juventud.

Edelmira hacía lo posible por ir con él cuando incursionaban por la comunidad levantando el censo para cuestiones de vacunación o medicina preventiva.

Enrique, el director de la escuela y el maestro Manuel hacían discretos esfuerzos por que les tocara como pareja, pero ella, echando mano de pretextos, se apuntaba siempre para acompañar al doctor. Cuando ya no quedaba de otra, el director proponía a su colega.

—Que Manuel vaya con Edelmira.

—No, él es tzeltal, yo le traduzco mejor al lóctori.

Enrique pujaba un poco pero cedía.

Realizaban jornadas de seis o más horas casa por casa, haciendo entrevistas o aplicando vacunas. Se tenía que caminar mucho porque las casas estaban muy separadas unas de otras por los huertos y sembrados y la comunidad estaba formada por unas doscientas ochenta viviendas.

En una ocasión, como a media mañana, propuso ella un descanso bajo la sombra de los pinos. Se tendió al lado del médico, la falda subida como por descuido dejando al descubierto parte de las morenas piernas. Bajo la tela posada entre los muslos se insinuaba la sombra del pubis.

La Eva bíblica. El fruto al alcance de la mano. El médico iría pronto por su novia para casarse y llevarla ahí consigo; no obstante eso podría no ser impedimento. El impedimento real era el sentido de responsabilidad, el compromiso ante la comunidad, ante su escuela y ante sí mismo. Un escándalo y todo se echaría a perder. Se hizo el desentendido y no pasó de ahí

Poco tiempo después fue a la capital y regresó casado. Las insinuaciones de Edelmira cesaron por completo.

Era una noche de abril. La luna resplandecía eclipsando las sombras. Atraído por la claridad, el médico salió afuera de la casa de salud a contemplar la belleza del paisaje bajo la luz lunar, los montes oscuros erizados de pinos que se alzaban como queriendo alcanzar el cielo.

Enfrente estaba la antigua construcción de la finca, ahora escuela y albergue. Algo se movió entre los pasillos. Era Edelmira que salía del cuarto del maestro Manuel. Cruzó el patio y se metió a su habitación.

—Ah caray.

La joven maestra había encontrado lo que buscaba. Manuel estaba casado, su esposa vivía lejos en una comunidad tzeltal y sólo iba a verla de vez en cuando. Edelmira aprovechaba el puesto vacante.

La comunidad es un espacio demasiado estrecho para que un asunto como ése pase inadvertido. En poco tiempo se conoció y cundió el escándalo. Enrique, el director, ardió de indignación. Se citó a asamblea

Ahí, delante de la comunidad, se llamó a cuentas a los culpables. La responsabilidad principal recayó sobre Manuel quien fue duramente impugnado por su superior. Enrique le echó en cara la bajeza de su conducta.

—Has traicionado la confianza de la comunidad. Se te aceptó y se te trató como a uno de nosotros para que pagues de esta manera. Eres un mero cochino y nos has defraudado a todos.

Manuel, hundido de vergüenza, no se defendió. Recibió el alud de reproches sin chistar, con la cabeza baja y la vista en el suelo.

—Se pedirá tu cambio. No te queremos más aquí.

Edelmira fue exculpada gracias a la indulgencia de Enrique, que la trató como a una inocente seducida por la perversidad de un hombre casado y mucho mayor que ella. Manejó el sentimiento protector con una muchacha tojolabal y el argumento de que era una buena maestra. Sería un grave perjuicio para la escuela perder dos maestros de golpe. Se aceptaron sus razones y el acuerdo fue expulsar a Manuel. A la muchacha sólo se le administró una buena reprimenda.

Enrique fue a Margaritas, a la dirección extraescolar a poner la queja. La comunidad pedía que quitaran a Manuel. Se atendió de inmediato la petición.

Todo volvió a la tranquilidad y las actividades continuaron como si no hubiera habido ningún suceso que las alterara.

Poco tiempo después, los vientecillos de la murmuración volvieron a rizar la quieta superficie de las aguas. El médico, como muchos otros, también se dio cuenta.

No faltó quien se lo dijera a Romana, la esposa de Enrique; pero ella no lo creyó. ¿Cómo iba a ser?

Lo comentó agitada con el loctor, como si el único motivo de enojo fuera la calumnia.

—¿Verdad que no es cierto? Yo no lo creo.

—No, claro, yo tampoco lo creo.

En las comunidades no hay muchas formas de ocultarse. Cualquier movimiento que salga de lo habitual es notado en seguida. Le insistieron a Romana en lo que estaba ocurriendo.

Enrique llegó a encontrarla bañada en llanto, ardiendo de celos. Protestó.

—¡Pero cómo crees que yo...! Pero si viste que yo fui el que le reclamó al Manuel su conducta. Cómo crees. Son meros chismes, la gente es envidiosa.

Su actitud fue convincente y Romana ansiaba ser convencida.

Sin embargo quedó un desasosiego en su corazón. La tranquilidad huyó. Sin querer, sus ojos se fijaron en Edelmira y descubrió sobresaltada aquello que la diferenciaba de las otras. Dicen que los machos huelen la brama; Romana, obvio, no era macho pero advirtió con súbita claridad que la joven maestra olía a brama.

Desde ese momento el desasosiego se volvió algo físico que le oprimía el pecho y le dolía en el punto donde agarra el torzón cuando hace uno un coraje muy fuerte.

Romana ya no podía vivir en paz; creía adivinar que su marido también andaba en brama... pero no con ella. Notaba inquieto a Enrique, nervioso y como distraído, como pensando en algo que no estaba ahí dentro de su casa. En las noches daba vueltas, no dormía tranquilo y dejaba pasar muchos días sin arrimársele. Cuando lo hacía... no, no era igual que siempre; se portaba como sin ganas, como si nomás lo hiciera por no dejar. ¿O eran figuraciones de ella?

Romana fluctuaba. Ansiaba recuperar la confianza perdida. A veces le entraba, con gran desfallecimiento, la idea de que los chismes no eran chismes sino la cruel verdad; y luego se esforzaba por convencerse a sí misma de que Enrique era el de siempre y no andaba metido con esa mujer. Por último borró de su alma la sospecha que tanto la hacía sufrir. Descansó pensando que todo era mentira.

El teatro de los hechos resultaba muy limitado. Internarse en el campo se notaría en seguida; salir de la comunidad juntos era imposible. Mejor buscar momentos de soledad en alguno de los muchos rincones de la finca.

La Romana fue por agua; magnífica oportunidad para las ganas que ya no se aguantan. Un aula vacía en horas fuera de clase y ya está. Pero cuando con más entusiasmo disfrutaban del retozo, la mujer del director irrumpió en la habitación. Al irse había visto entrar a su marido en el sitio donde estaba la tentadora.

Apenas tuvieron tiempo de separarse cuando ya la Romana, hecha una gata furiosa, saltaba sobre su rival propinándole dos bofetadas que le hicieron crujir las muelas. La prendió por los largos cabellos y comenzó a castigarla con sus pequeños pero recios puños, mientras le gritaba todos los insultos que sabía en castilla y en tojolabal.

—¡Mañosa! ¡Puta!

Enrique, atontado por la sorpresa, se quedó agarrotado sin saber qué hacer ante la trifulca de las dos mujeres.

Edelmira se rehizo y con la ventaja que le daba llevar calzado, le asestó fuertes puntapiés en las espinillas a su contrincante. Rodaron las dos por el suelo golpeándose, arañándose llenas de furor.

La maestra, más fuerte, logró quedar encima de Romana, pero ésta, convertida en una fiera, vio cerca la oreja de su rival y la prendió con rabioso mordisco. La mitad del pabellón quedó entre sus dientes.

Edelmira lanzó un agudo grito al tiempo que Enrique atinaba a levantarla de un tirón. Para esto la riña ya contaba con buen número de espectadores.

El escándalo superó con creces al anterior. En asamblea los culpables fueron recriminados y se decidió expulsar a Edelmira. Pero no era suficiente. Se debía pedir también el cambio de Enrique.

El padre del director, fuertemente presionado por la comunidad, fue a Margaritas, a los Servicios de Educación Extraescolar del INI, a solicitar el cambio de su hijo.

Edelmira fue enviada de inmediato a otra comunidad en la selva y poco tiempo después, a Enrique se le destinó a Rizo de Oro, comunidad situada también ahí. Volvía sólo una vez por mes a la 20 de Noviembre a ver a su mujer.

—Pinche Enrique, —le comentó el doctor una vez que fue a saludarlo cuando llegó a la comunidad—. Lo que querías era echártela tú.

—Pos claro, —contestó con ancha sonrisa, y añadió: —pero yo ya hablé con su papá, no es lo mismo.

—Entonces sigues con ella.

—Ajá. Creyeron que mandándome lejos me castigaban pero así es más mejor.

Un morral de limas

La "vieja Margarita" cedió por fin. La primigesta llevaba una semana con molestias y 48 horas con los dolores del parto. La muchacha y su criatura podían morir. Un último intento y al menos no cargaría con la responsabilidad. Aceptó la sugerencia del suegro: llamar al médico pasante que había llegado tres meses atrás a petición de la comunidad para hacer ahí su servicio social.

Las opiniones estaban divididas. La mayor parte de los familiares se negaba. Era una de las contadas familias que no habían estado de acuerdo con que se llamara a un médico a la comunidad. Desconfiaban de lo que estaba fuera de lo tradicional, y la atención del parto es cosa de mujeres. Por pudor y por costumbre los hombres están excluidos.

Pero la curandera aceptó... y era opinión del jefe de familia. También de uno de los hermanos del esposo ausente. La aceptación de la "vieja Margarita" fue lo determinante. La autoridad y el mando de las parteras en las comunidades, sobrepasa a veces hasta a la de los maestros.

Eran cerca de las seis de la mañana de un frío día de febrero. En esa zona, en invierno, las temperaturas llegan a bajar hasta a dos y tres grados.

El médico se vistió rápidamente.

—¡Vamos!, —urgió a su esposa recién llegada a la comunidad.

Carmen dudó un momento. Nunca en su vida había visto un parto. Accedió más por complacer a su compañero que por curiosidad o por cualquier otra motivación.

La niebla aún no empezaba a levantar. La mayor parte del monte permanecía oculta tras el velo espeso. El frío húmedo se pegaba al cuerpo.

Sería la primera vez que el joven médico atendiera un parto en la comunidad. Llegó nervioso. Los familiares aguardaban afuera y adentro de la choza; la ansiedad flotaba en el ambiente. Ante cualquier suceso alarmante se manifiesta la solidaridad familiar y comunal.

La choza típica de tablas de madera y techo de palma, piso de tierra. El fogón al centro. Un jarro de frijoles hervía sobre el amplio comal. La suegra echaba tortillas, indispensables para el alimento de todos. Racimos de mazorcas colgados del techo y amontonados arriba, en el tapanco. Una tabla en la pared, a manera de repisa con el escaso menaje y algunos clavos para colgar prendas. En una esquina el cántaro para acarrear agua y una gallina clueca echada en un rincón, sobre los huevos. Todo ennegrecido por el humo. Los cucarachones vagaban por las tablas y la palma del techo.

Además de los suegros y el cuñado mayor, estaban presentes la madre de la parturienta, otras mujeres y tres chiquillos, hermanos también del marido que estaba lejos, en el Soconusco, trabajando en labores agrícolas porque la cosecha había sido insuficiente a causa de la escasez de lluvias y era indispensable traer dinero para completar los alimentos de la familia. Todos estaban descalzos; los niños semidesnudos, las barrigas prominentes al aire.

Los parientes permanecían unos de pie, otros sentados en troncos o en pequeños bancos manufacturados por ellos mismos y en el catre de varas y tablas. Hasta los perros estaban dentro de la habitación.

Los presentes hablaban en tojolabal y el médico no les entendía. Aun la curandera era monolingüe; tata Chus, el suegro, traducía.

Roselia, de escasos dieciséis años, yacía sobre un petate, apenas cubierta por una cobija rota y un pedazo de manta sucia, mohosa por el uso y la tierra. Estaba pálida, deshidratada, muy agotada por dolores y esfuerzos. Lágrimas silenciosas brotaban de sus ojos. Se veía temerosa, angustiada. Murmuró algunas palabras.

—¿Qué dice?

Tata Chus no quería traducir. Al fin cedió ante la insistencia del médico.

—Tiene susto. Pregunta si se va a morir.

—Dile que no se va a morir.

Hubo un silencio expectante mientras el profesionista aseaba el pubis. La partera no lo había hecho. No suelen hacer tactos, y como es natural, ni aun conocen los guantes de cirujano. La examinó. Había dilatación del cérvix casi completa.

—Ayúdenme a levantarla para que camine.

—No, —protestó el suegro—. Si camina se muere.

—Vamos a llevarla a la casa de salud.

El propósito era, más que nada, hacerla caminar para inducir el alumbramiento.

—¿Traes tu carro?

—No. Lo están arreglando en Comitán.

No se podía llegar en vehículo hasta la choza, pero era posible acercarlo.

—Entonces no vamos. Se muere en el camino.

—¡Pero hombre, allá se puede atender mejor!

—No. Ella no sale de aquí. Atiéndela aquí.

La curandera ordenó algo a la muchacha. El doctor comprendió y dio la contraorden.

—¡No, no pujes! Relájate, descansa. Guarda tus fuerzas para cuando sientas la contracción. Chus, tradúcele, por favor, es importante.

La suegra había dejado su tarea y alegaba con su marido. Roselia hablaba con ella como pidiéndole amparo. Los demás también opinaban, excitados.

Carmen se dio cuenta de que la suegra era quien con más fuerza se oponía al traslado de la muchacha y trató de convencerla.

—¿Tú ya has parido?, —le preguntó la vieja a través del intérprete.

—No, pero yo sé. —Mintió para apoyar la medida—. He visto otros partos.

—Entonces no sabes.

A veces no se les puede convencer y es necesario acomodarse a las circunstancias, algo sumamente difícil en momentos como ése, en que están de por medio dos vidas y la responsabilidad del médico ante la comunidad. Su primer parto... una falla puede hacer que se pierda la confianza ni siquiera completamente ganada.

Nerviosos, los presentes hablaban en su idioma. La suegra discutía insistente. Todos se veían muy preocupados.

Era preciso ponerla de pie. El peso de la criatura contribuye al proceso. ¿Cómo convencerlos?

La respiración de la joven se agitaba. De repente se retorcía por la contracción. El sudor humedecía su frente. Los labios estaban secos, exangües. Gemía. Su madre le ordenaba que no se quejara. En general son estoicos.

El médico dispuso que se pusiera a hervir agua.

La luz del sol se encendía entre las rendijas. El tiempo transcurría inexorable. La parturienta lloraba.

—Dice que salves al niño, no importa si ella se muere.

Carmen también estaba temerosa. Se sentía inútil. Pasó su mano suavemente por los cabellos de la muchacha. Le habló con dulzura.

—No te vas a morir, todo va a salir bien. Tranquilízate.

Los ojos oscuros, almendrados, se posaron en ella en aceptación muda de su ternura solidaria. Roselia no entendía la *castilla*, pero captaba el sentimiento.

El pasante tenía presentes sus experiencias en el internado rotatorio de pregrado que llevara a cabo en el Hospital General de la ciudad de México. A toda primigesta se le debe practicar la episiotomía, o sea efectuar un corte para facilitar la salida del niño y evitar un desgarro; pero ¿cómo hacerlo en esas condiciones? El hecho en sí de cortar y el sangrado podrían provocar una reacción incontrolable entre los circunstantes. La desconfianza estaba latente. De no hacerlo, el producto, al emerger, puede desgarrar tejidos con repercusión posible hasta el ano y ocasionar prolapso, hemorragia.

Había desesperación en el tono del suegro.

—¡No se puede morir! Sálvala. Es re buena pa'carrear la leña, pa' trair l'agua, pa' moler la masa y echar las tortillas. Es re buena pa'l trabajo.

La "vieja Margarita" estaba angustiada, tensa, agotada por la larga semana de cuidados y la preocupación. Le parecía al médico más vieja que pocos días antes, cuando por fin lograra hablar con ella a través de uno de los maestros bilingües en la fiesta del patrono de la comunidad, San Santiago. Según averiguó después, la curandera apenas rebasaba los cuarenta años, pero se veía como de sesenta.

¿Qué hacer si no podía echar mano de los recursos conocidos? La doble presión de la responsabilidad por las dos vidas ante sí mismo y ante su misión en el lugar, enfrentada a la terca oposición de las costumbres establecidas y la desconfianza ante lo nuevo.

Por fin logró imponerse; le permitieron levantarla y hacerla caminar dentro de la choza auxiliado por tata Chus. La dejaba descansar y volvía a hacerla caminar.

Carmen se inclinaba, preocupada, sobre la parturienta. Al sentir la contracción, Roselia apretaba la mano que se le tendía afectuosa.

Pese a confiar en sus conocimientos, el pasante no dejaba de sentir incertidumbre. Trataba de ahuyentar de su mente la posibilidad de la muerte.

La lengua tojolabal bordoneaba a su alrededor. Afuera avanzaba el día.

El suegro no dejaba de demandar por la vida de una muchacha tan trabajadora y útil. Carmen se molestó.

—Entonces la valoras por el trabajo, como a un animal.

Tata Chus guardó silencio unos instantes. Después trató de explicar.

—Es que mi hijo me la dejó, va a decir que no la supe cuidar.

Cuando Roselia empezó a quejarse más, hicieron salir a los niños.

No presentó reparo a colocarse en posición ginecológica; en muchas ocasiones no aceptan y paren en cuclillas.

La curandera preguntaba a través del intérprete si no estaba sufriendo la criatura. El estetoscopio de pinar, aplicado al vientre de la madre, registró el ritmo cardíaco normal.

La dilatación era completa ya y lo mismo el borramiento. El niño venía en buena posición. Apoyó con fuerza el médico las manos a los lados del pubis de la madre tratando de evitar un posible daño a los tejidos de los labios vaginales mayores causado por la expulsión del producto. Roselia apretó la mano de Carmen.

Asomó la coronilla, la cabeza y luego el cuerpecito completo. Era un hermoso varoncito, bien desarrollado pese a la depauperación física generalizada en esas comunidades. No hubo desgarro.

Un vagido anuncia que el nuevo ser ha llegado al mundo. Eran las once de la mañana, cinco horas después de que lo llamaran.

El aire penetra en los pulmones en una bocanada de felicidad. La tensión se afloja. Cortó el cordón umbilical con tijeras desinfectadas. No hay tiempo que perder. Pide el agua hervida. La curandera prueba la temperatura.

—¡No, no, no meta los dedos! ¡La contamina!

Le limpia el meconio con trapo húmedo entre el azoro y espanto general. Luego lo examina cuidadosamente: respiración y frecuencia cardíaca, reflejos. Todo está bien. Se quita los guantes y se vuelve a lavar las manos antes de meterle los dedos a la boquita para librarlo de las flemas.

De inmediato el abuelo le acerca una vela encendida —la candela, dicen ellos—, para cauterizar el muñón del cordón umbilical. El doctor se opuso.

—¡No! ¡Le va a doler al niño! Lo vas a quemar.

—Es para que no se muera. Si se lo dejas así, se muere.

De costumbre cortan el cordón umbilical con machete, cuchillo o navaja de rasurar. A falta de otras medidas de

higiene y prevención, aplican la flama de la vela a la pequeña herida.

—No es necesario. Mira cómo lo hago yo. Todos los
días se le cura con agua hervida y jabón, se le limpia muy
bien y luego se le pone mertiolate. Así, mira, así. Con eso es
suficiente.

No insistieron delante de él pero cuando se lo llevaron días después, vio las señales de la cauterización.

Recomendó el baño para Roselia.

—No, no se puede bañar. Le hace daño.

—No hace daño, al contrario, le hace bien.

—Las mujeres no deben bañarse luego del parto. Hay
que esperar días.

A qué insistir. Lo principal estaba ganado. Los
parientes, uno tras otro, se acercaban a ver al recién nacido
comentando felices entre risas.

—Ahora tú vas a ser el padrino. Tú le vas a poner
nombre.

—No, ¿por qué? Que se lo ponga la vieja Margarita.

—No sabemos si quiera pero si ella quiere, no queremos nosotros. Tú se lo tienes que poner.

—Bueno, se llamará Lenin.

¿Por qué Lenin?, preguntaron. Nunca habían oído
ese nombre.

El médico les explicó que así se llamaba un gran líder
que había hecho una revolución en un país muy lejano
donde la gente era muy pobre y él había engrandecido su
patria.

—Este niño también va a ser un gran líder, por eso le
pongo Lenin.

Y Lenin se llamó.

Exigieron que el médico dijera dónde debían enterrar
la placenta.

—¿Para qué enterrarla?

La suegra alegó con vehemencia. La placenta debe
enterrarse en el centro de la huerta, es forzoso. Produce fertilidad y felicidad y ahuyenta los agüeros. El médico debía
indicar el sitio exacto del entierro. No siempre se entiende

que oponerse a sus costumbres y creencias es una torpeza y un error.

La fiesta se organizó de inmediato. Empezaron a llegar las gentes. Muchas gentes, especialmente mujeres, amigas, parientes, vecinas. También hombres porque era domingo y no andaban en el campo trabajando.

Trajeron la marimba. Destaparon la botella de clandestino, o posh. Lo principal de la fiesta consiste en el reconocimiento y el brindis. Beben todos de la misma copa y el que atiende se ocupa de llenarla en cuanto se vacía. A veces, cuando hay mucha gente, se utilizan dos copas, como en la fiesta de la escuela..

La alegría era general. Todo estaba preparado desde una semana antes. Habían comprado panela, (piloncillo) y pan —un lujo para ellos— en Lomantán, una comunidad cercana a Comitán. Lo sirvieron con café caliente. El pan, luego de tantos días, estaba duro como una piedra y apenas se podía comer remojado en el café, y al igual que la panela había estado expuesto a las eternas moscas y a las cucarachas; pero no podían desperdiciarlo ni comprar nuevo porque son muy pobres. El médico y su esposa lo compartieron con ellos como si fuera un manjar.

Se acercó a la curandera para hablarle a través del intérprete, un maestro bilingüe.

—Pregúntale qué le pareció lo que hice.

Contestó ella algo y todos se rieron. El maestro no quería traducir pero él le insistió.

—Dice que estuvo bien todo pero que hay algunas cosas que tú no sabes.

—Dile que estoy aprendiendo de ella y ella de mí. Pregúntale cómo vio el aseo que les hice a la muchacha y al niño, el agua hervida.

—Dice que está bien pero que no hace falta.

El marido llegó como a los dos meses. Cuando se lo indicaron al médico, apenas lo podía creer. Era demasiado joven, un adolescente, como Roselia. Diecisiete años que a veces ni los representan por bajitos y delgados.

La pareja fue a visitarlo llevándole al niño. De regalo, el muchacho le entregó un morral de limas y medio kilo de tortillas que Roselia acababa de hacer para él. La ternura humana, la gratitud presentes en ese sencillo regalo. Hermosas limas aromáticas, de color amarillo claro, serosas. Tortillas tiernas, calientitas, recién salidas de las hacendosas manos morenas. Y sus sonrisas, sus caritas redondas radiantes de felicidad, su orgullo de traer cargando al niño. Esa pequeña vida que sus conocimientos habían ayudado a hacer posible. La vida de la madre, tan joven... hablaban en tojolabal y él en castellano, sin intérprete; pero ¿acaso lo necesitaban para entenderse? Las manos se estrechan cálidas, las miradas se comunican, se comunican las sonrisas.

El oro claro de las limas desparramadas sobre la rústica mesa, resplandece en la habitación. Las tortillas blancas, suavecitas como una caricia de amistad, de reconocimiento. Los ojos se humedecen.

Los jóvenes tojolabales se creen los únicos que han recibido un beneficio, pero gracias a ellos el pasante ha adelantado un trecho enorme en la confianza de la comunidad.

Salgo afuera. El sol parece una redonda lima de oro que ilumina el monte, los pinares de intenso verde oscuro. Todo es bello.

Un hondo sentimiento de dulzura desborda mi corazón. Siento un amor infinito por mi escuela, una enorme gratitud por mis maestros. Por los que inspiraron este proyecto y me trajeron aquí. Me siento satisfecho y orgulloso de mi enfrentamiento con la familia, con el abuelo, para salir del pueblo de Zacatecas al Distrito Federal a convertirme en médico. De los años de *estudihambre*. Quiero hacer mucho bien.

Al paso del tiempo, el médico y su esposa han reflexionado acerca de la actitud de tata Chus frente a su nuera en peligro de muerte. Para estos indígenas el valor de la persona está relacionado directamente con el trabajo. Y quizá el hombre no supiera expresar su angustia de otra forma.

El ricuerdo

—¡Cómo "Ricuerdo"! Será Recuerdo.

—No. Se llama Ricuerdo.

Era la piel pegada a los huesos, como todos los perros de la comunidad; de color amarillento y áspera pelambre. No podría decirse que fuera muy bonito; bravo y fiel, eso sí.

—Pero es muy cabrón. Le roba la comida al puerco y nomás está pendiente de que haya elotes tiernitos; se los traga como si fueran de agua. De una tarascada se los mete a la barriga hasta sin masticar.

La primera vez que vio al loctor se volvió loco de coraje. Se le fue encima y si no lo pesca Braúlio casi en el aire, no libra la mordida. Hubo que amarrarlo a un árbol y todavía ahí seguía ladrando y girando sobre sí mismo, frenético.

Se comprende. Jamás había visto a alguien tan extraño, mucho más alto y corpulento que los tojolabales y vestido de tan insólita forma: chamarra de cuero, sombrero, botas. Y el olor. Un olor diferente que le despertaba violentos impulsos de clavarle los dientes. A un tipo así había que echarlo de la comunidad.

Cada vez que el médico pasante iba por la casa de Chepe, el Ricuerdo presentaba los mismos síntomas de vio-

lento rechazo. Decididamente el loctor no era de las simpa-
tías de ese integrante de la familia.

El Ricuerdo lo odió con todas las fuerzas de su canina
alma hasta que el detestable sujeto fue a Comitán y compró
un trozo de carne. Para prepararlo le quitó huesos y pelle-
jos y llegó a casa de Chepe con ellos. El agraciado con el
obsequio fue el rejego que le negaba su afecto.

Los perros de la comunidad se alimentan con maíz.
Tienen más suerte que los cuchis porque son cazadores, y
alguna vez cae en su poder alguna rata u otro roedor
pequeño, no muy abundantes por cierto. De ahí en fuera su
dieta es bastante reducida. Cuando hay fiesta en la comunidad y matan algún animal, si mucho les tocará un triste
hueso pelón, completamente limpio de carne. Ahí no se
desperdicia nada.

—Cómo le da eso al perro, loctor, —le fue comentado
con tono de velado reproche.

A partir de ese día feliz, el Ricuerdo cambió el odio
en amor. Y cómo no, si ese amor era alimentado cada quince días con un generoso, inolvidable convite. En adelante,
en cuanto divisaba la antes aborrecida figura, su cola seme-
jaba una hélice girando a todo motor, y los ladridos furiosos de antes se volvieron escandalosa expresión de bienve-
nida. Fuera de los demás miembros de la familia, a nadie
más amaba el Ricuerdo con tal vehemencia.

Se debe reconocer en abono de su nobleza, que una
vez superado el obstáculo, su amor se volvió un sentimiento desinteresado. Ya no necesitaba ser alimentado con
obsequios. Siempre que el doctor salía de la comunidad lo
acompañaba hasta los linderos, y al regreso iba a recibirlo a
veces cuando todavía faltaba un buen trecho para que llegara.

Las manifestaciones de alegría incluían una danza
alborozada con giros rápidos, ladridos de gozo y brincos
para alcanzar al amigo con sus patas delanteras. El recibi-
miento era una verdadera fiesta.

La amistad con el loctor consagró la fama del
Ricuerdo como perro bilingüe.

—Es el único que entiende la castilla, los otros nomás
puro tojolabal.

La discriminación racial

Llegaron a un restaurante de los grandes, en Comitán. Iban cinco médicos y la esposa de uno de ellos además del maestro bilingüe y el comisariado. Éste llevaba su ropa típica de manta.

Los meseros tardaban en acercarse a pedir la orden. Hablaban aparte, por un lado, como si se pusieran de acuerdo entre ellos.

—¿Éstos qué se traen?

—Vuélvelos a llamar.

Uno de los médicos chocó dos saleros para llamar la atención. Se acercó el mesero.

—¿Qué pasó? Tómenos la orden.

—Sí, un momentito, por favor.

Vuelta a hacerse los remolones. El maestro encontró la explicación.

—No quieren servirnos por el comisariado y por mí.

—Ah, cómo que no, —replicó uno de los médicos indignado—. Nos sirven y nos requetesirven.

—Va a ver cómo no, loctor.

La voz fuerte, golpeada, resonó autoritaria.

—¡Oiga! ¿A qué horas diablos van a atendernos?

El mesero se acercó de nuevo, cohibido.

—Dispense, señor, pero... a "ellos" no podemos servirles.

"Ellos" se refería a los dos tojolabales.

—¡Cómo chingados no!, —tronó el médico—. ¡Nos tienen que servir!

—Disculpe, señor, pero no es cosa mía, es orden de los patrones.

El médico se levantó arrastrando con fuerza la silla. La atención de los demás parroquianos, todos mestizos o blancos, estaba puesta en ellos.

—¡Quiero hablar con el responsable!

Los meseros y el encargado de la caja lo veían atemorizados pero sin ceder.

—Ahorita no está. Está ocupado. Y nos han ordenado que no les sirvamos a esas personas.

—¡Vámonos de este pinche restaurante! Al carajo.

El grupo se levantó haciendo mucho ruido con las sillas. Los médicos proferían insultos.

—Pendejos hijos de la chingada, qué no se han visto al espejo.

—El comal le dijo a la olla. Se discriminan solos, imbéciles. Ustedes son tan indios como ellos.

—A ver si su chingada madre está muy güerita, bola de indios renegados. Lámanle los huevos a su patrón, los ha de tener muy blanquitos.

Los empleados aguantaron los insultos pero no hicieron nada por detenerlos.

Se fueron a otro restaurante donde sí los atendieron. No en todos discriminaban a los indios. El maestro les comentó que lo malo había sido la ropa de manta del comisariado.

—En muchas partes no nos atienden cuando nos ven de calzón de manta, cotón y descalzos, pero si vamos vestidos como los ladinos es distinto, aunque a veces nos joden por la pura cara de indio.

Con frecuencia los más discriminadores son indios ladinizados. El discriminado internaliza la situación y la reproduce. "Aunque el indio se vista de seda, indio se queda", suelen repetir incluso ladinos pobres y algunos hasta menos preparados que un maestro bilingüe.

Un indio puede vestirse de cacique: botas, chamarra de cuero, sombrero, y se pitorrean de él hasta los mismos indios.

Hay caciques indios y éstos, por lo general, son peores que los ladinos. No pueden darse el lujo de ablandarse porque "los agarran de la cola", según el dicho de allá. El blanco o ladino puede ser bonachón ("al cabo de todos modos me los chingo") y lo respetan; el indio tiene que mostrar en todo tiempo mayor dureza.

El término cacique lo trajeron conquistadores españoles de las islas del Caribe donde se nombraba así a los jefes de tribu, y en rigor se aplica al individuo que goza de poder económico y político; al rico que explota peones y toma parte en decisiones de gobierno, posición de la que usa y abusa. Los verdaderos caciques se imponen incluso por la fuerza dentro de su conglomerado social. Muchos tienen cárceles propias y pistoleros a sueldo, y quitan y ponen presidentes municipales y otras autoridades menores. Con frecuencia ellos mismos son la autoridad, pero no es esto indispensable para que se sienta su mando aun en regiones enteras. La mayor parte de atropellos, despojos y asesinatos que se cometen en el campo aún en la actualidad, tiene relación con el poder de los caciques.

Fueron temibles en el pasado y en mucho la revolución de 1910 se hizo contra ellos; pero el gobierno que emergió del movimiento armado terminó coptándolos para mantener el control político y económico en el campo. Desde entonces la gran mayoría de los caciques pertenece al oficial Partido Revolucionario Institucional (PRI) o está ligada de una forma u otra al gobierno. Muchas autoridades en los pueblos reciben órdenes directas del cacique local.

Sin embargo, en medio de la miseria del campo mexicano se designa como cacique a cualquiera que alcanza un nivel económico superior al término medio de sus coterráneos. Si tiene más tierra, si emplea peones para el trabajo, si tiene buena casa en vez de choza, se le identifica como cacique. Basta con usar chamarra de piel, sombrero, botas de cuero, para ser visto como cacique.

No obstante, sigue siendo válido el concepto para señalar a un individuo rico, con poder y prestigio dentro de su localidad. Sobre todo con trabajadores bajo su mando. El patrón es siempre identificado como cacique.

Entre los verdaderos caciques los hay buenos, malos y peores. Buenos en el sentido del trato directo; depende de su carácter y su astucia para manejar a la gente; pero hay algunos a los que ni sus propios hijos soportan.

Hay un tipo de relación que es casi una institución: el compadrazgo. Algunos caciques acceden en ocasiones a apadrinar a hijos de indios. Llegar a compadre del patrón es toda una categoría social. Ubica al privilegiado por encima de los demás indios y éstos lo respetan. El ahijado también se siente superior al resto de los individuos de su comunidad. De ahí viene el dicho sobre un inferior que abusa de alguna ventaja que se le otorga: "No tiene la culpa el indio sino el que lo hace compadre".

Tener un padrino rico y poderoso garantiza mejor trato y hasta ciertos privilegios. Los indígenas buscan también compadrazgos con lingüistas, antropólogos, maestros y médicos como forma de ascenso social. Las mujeres también se jactan del vínculo. "Mi comadre la cacica", proclaman. Aunque en este caso la relación tiene menos importancia por la subvaloración de lo femenino. Por lo general se menciona sólo al compadre.

Profesionistas como los mencionados que tienen algún interés de trabajo, estudio o investigación, utilizan el compadrazgo como medio para ser aceptados por la comunidad y alcanzar un prestigio a través del cual influyen en el grupo. Aunque también si una persona se propone integrarse con ellos para estudiarlos, evangelizarlos o comerciar, y les demuestra que puede serles útil, la aceptan sin problema. Incluso se comportan como si tuvieran motivos para estar agradecidos. Le hacen muchos regalos, se sienten obligados, sobre todo si se convierten en compadres.

Un antropólogo, Mario Ruz, que escribió un libro sobre la región llamado *Los verdaderos hombres* vivió en una comunidad tojolabal y después se fue a la selva a una comunidad nueva formada por hijos de tojolabales a los que el gobierno dio tierras ahí. Le hicieron su casa, mucho mejor que las de ellos. Cazaban para él venado, jabalí y otros animales comestibles; le obsequiaban acamayas. Llegan a actitudes reverenciales con la gente de fuera que sabe cómo acercarse a ellos.

La conciencia de su ignorancia es también un factor que incide en el sentimiento de inferioridad del indio. En comunidades con tan alto índice de analfabetismo y monolingüismo, tener cualquier tipo de estudios eleva por encima del resto. Simplemente haber cursado algunos grados de primaria convierte a un individuo en alguien de respeto.

Los maestros gozan de consideración especial en las comunidades y fácilmente toman el mando y las decisiones, situación de la que algunos abusan. El maestro pone multas y mete a la cárcel sin ser autoridad, nomás por el respeto que inspira el que sabe más. Esto conduce, en ciertos casos, a que el mentor se sienta superior y reproduzca la discriminación. Muchos de ellos se vuelven caciques.

Esto tiene variantes. En ocasiones el maestro indígena bilingüe no es bien visto. Hay quien no lo considera un indio como los demás. "Ése ya se ladinizó", opinan."Ni es de aquí ni es de allá"; aunque para los ladinos sigue siendo indio. Entonces se sienten rechazados por ambas partes. A veces los maestros, con unos tragos, se quejaban llorando de esta situación.

La mayor parte de la población de las ciudades chiapanecas discrimina a los indios. En Comitán, Altamirano, Ocosingo, San Cristóbal, etcétera, los indios se bajaban de la banqueta para que pasaran los blancos o ladinos. En los comercios, si el dependiente está atendiendo a un indio y llega un cliente ladino, atiende a éste y deja al último a aquél. En pueblos de puros indios, si hay mestizos son los que prevalecen, aunque formen minoría.

Existe también autodiscriminación. "En la selva hay unos que están bien indios", dicen los propios indios para referirse a los lacandones.

El transporte

Los autobuses que iban a las ciudades estaban todos en poder de caciques. Los conductores, de origen indio, maltrataban a sus congéneres de las comunidades y abusaban de ellos. Nos tocó ver los cobros injustos y el trato discriminatorio. Les cobraban por los tercios de leña, por una gallina, por todo lo que llevaban. Con un ladino o mestizo el trato era muy diferente.

—Hazte para allá, pendejo. ¿Qué no ves que va a pasar el doctor ? Y tú, levántate, dale el asiento.

Hasta las mujeres se levantaban para dejarle el lugar al loctor.

No aceptábamos.

—Sigue sentada, yo voy bien así.

Los autobuses reciben por nombre popular el de guajoloteros. En ellos los indios llevan su mercancía a las ciudades: guajolotes, pollos, ocote, tercios de leña, huevos, verdura, frijol, maíz, etcétera.

A lo largo de la carretera, en cada sitio donde había una tienda, los choferes estacionaban el autobús e incitaban a los indios a beber cerveza, comiteco, posh o clandestino, aguardiente de la peor calidad que fabrican y venden los caciques de la región.

En una ocasión, luego de varias paradas para ingerir

bebida, tres indígenas le pidieron al conductor que les permitiera bajar unos momentos para desalojar el exceso de líquido. El hombre no les hizo caso. Son muy tímidos y se iban aguantando pero ya no podían más. Suplicaron varias veces hasta que el chofer se detuvo con brusco enfrenón.

—¡Bueno, bájense, hijos de la chingada!

A empujones y puntapiés los bajó del autobús. En seguida arrancó dejándolos botados en la carretera.

—Al cabo ya pagaron, —comentó burlón y despectivo.

Esto ocurría con frecuencia. Si alguno o algunos indios se bajaban en una de las paradas a hacer una necesidad fisiológica o no subían de inmediato cuando el chofer estaba ya al volante, éste arrancaba y los dejaba.

Era un solo autobús el que hacía el servicio y pasaba una vez al día. Si se daba el caso de que sufriera algún desperfecto, los pasajeros se veían obligados a esperar el tiempo que durara efectuar la reparación, y si el vehículo no podía seguir adelante, los bajaban.

—A la chingada, esto ya se fregó. Mejor se largan.

Debían continuar a pie hasta su destino llevando la carga. No les devolvían el dinero del pasaje. Ellos soportaban en silencio sabedores de que eran impotentes para cambiar la situación.

A la entrada de las ciudades, en las terminales de autobuses, los esperaban los intermediarios o coyotes. Materialmente les arrebataban la mercancía de las manos. Les pagaban cualquier cosa.

—Más te conviene que yo te lo compre. Si vas para el mercado, como no has pagado el derecho, te lo van a quitar los policías.

El regateo era indignante. Si no cedían, más adelante los esperaban los policías.

—¿A dónde llevas eso? ¿De dónde te lo robaste?

El pobre indio trataba de defenderse como podía.

—No, patrón, es mío.

—¡No te hagas pendejo! Eso es robado. A ver, te voy a llevar a la comisaría.

Para evitar mayor abuso y detención, muchas veces entregaban la mercancía. Llegamos a ver gentes correteándolos para quitarles lo que llevaban. Los asustaban y amenazaban.

—Ya sabemos de qué comunidad eres, te conocemos bien. Si no me vendes lo que traes, lo pueden pagar tus familiares.

—¿Por qué no se juntan las comunidades y compran su propio camión?, —les sugirió el médico.

—No, pos... no podemos. Se enoja don Manuel.

—Pues que se enoje. No tendrían que seguir soportando esta situación.

De momento no parecieron reaccionar, pero años después se reunieron las comunidades tojolabales y de la selva y decidieron arreglar por sí mismas la cuestión del transporte. Proyectaron comprar tres autobuses para dar servicio a tres ramales que cubrieran las necesidades más urgentes.

La compra de los vehículos fue lo de menos; las dificultades y obstáculos se presentaron cuando las autoridades se negaron a dar los permisos correspondientes. Hubo fuerte resistencia por parte de los dueños del único autobús que daba el servicio, pero venció la tenacidad de los indígenas y de los migrados de la selva y lograron establecer transporte propio.

Los abusos

—Y ahora tú, Hilario,¿qué traes en la cara? ¿Qué te pasó? ¿Te caíste o te peleaste?

—No, me pegó don Manuel.

—¿Quién es ese señor?

—Pos es el dueño de la finca de Villa Flores.

—¿Y por qué te pegó?

—Pos porque no quise trabajarle. Antes ya me levanté pero no podía ni pararme por la golpiza. Estuve acostado muchos días.

—Pero ¡oye! ¡A nadie se le puede obligar a trabajar!

—Pues antes ora me fue bien; la otra vez, hace como dos años, me metió a la cárcel también porque no quise trabajarle. Era el tiempo de la tapizca y si no alzo mi cosecha, ¿qué voy a comer? Pero ni esa vez me fue tan mal, nomás estuve encerrado unos tres meses. A otros les ha ido peor. Al Aquiles lo mandó meter a la cárcel y tardó como un año en salir, y eso porque vendió sus vacas para pagar la multa.

—¿Y las autoridades te encarcelaron porque él se los ordenó?

—Sí. Así hace don Manuel. Le tenemos que trabajar a la fuerza, y luego nos paga muy poco o ni nos paga o nos paga con aguardiente; y pos sí, nos gusta el trago, nos emborrachamos y oímos música. Y para la fiesta del santo nos sirve la bebida que él nos da. De todos modos está mal, la gente no anda contenta; pero si nos quejamos con las autoridades, en vez de hacernos caso nos regañan.

Según lo que indicaba, el incidente había ocurrido más de quince días atrás y todavía se le veían huellas de golpes y moretones.

—¿Con qué te golpeó?

—Me dio con la cuarta del caballo; no con las correítas, la agarró al revés y mira, también me dio en la cara. Y pues ora sí, si me dice que le trabaje, le voy a trabajar para que no me pegue de vuelta.

—¡Pero... es indignante! No se pueden tolerar esos abusos.

—Y qué le hacemos. Es mejor no ponernos bravos porque hasta más caro nos puede costar.

—¿Por qué no se juntan varios para quejarse?

—Uuuh, pos sale pior. Los regañados resultamos siempre nosotros. Nos amenazan cuando vamos a acusar a los patrones y a veces hasta nos encierran. Más vale no ponerse. Al Felipe ya le andaba. Es uno de otra comunidad, que como estudió en Zinacantan quesque para promotor bilingüe, se sintió la gran cosa y andaba enamorando a la hija de un cacique. Pos el hombre le sacó la pistola y le dijo que dejara en paz a su hija o podía no amanecer, que su hija no era para pinches indios. A otros que se pusieron al brinco los mataron los pistoleros; y luego las autoridades hasta nos cobran la multa a nosotros cuando aparecen los muertos. Loctor, no podemos defendernos de los caciques.

Las mujeres

Es mentira que exista igualdad. Dentro de sus condiciones, los hombres reciben trato privilegiado desde niños.

En la educación se privilegia a los varones. Entre las mujeres es mayor el índice de analfabetismo y monolingüismo. En el albergue del Instituto Nacional Indigenista (INI), que había en la comunidad de 20 de Noviembre, los maestros decían que las niñas eran más torpes para aprender la castilla. Lo que ocurría era que los varoncitos recibían mayor impulso. Si llegaba algún visitante, siempre eran ellos los encargados de atenderlo.

—¿Por qué no ponen alguna niña a hablar en castilla, a servir de intérprete?

—No, ellas no saben.

Como los varones eran los que salían de la comunidad a trabajar, a estudiar o a hacer gestiones, les facilitaban los medios de aprendizaje. Los padres que hablaban castilla se dirigían en ella a sus hijos hombres con más frecuencia y los preparaban desde chiquitos. A las niñas se les mantenía encerradas y reproducían la timidez de sus madres.

Si un extraño les habla a las niñas y mujeres, no contestan, a veces aunque lo conozcan. Van a buscar al hombre de la casa para que conteste. Cuando se llega a una casa, normalmente se pregunta por el varón.

Las niñas están siempre atrás o en un rincón. Las mujeres de todas edades caminan detrás de los hombres, aunque sean sus hermanos y aunque sean menores que ellas. Los hermanos otorgan los permisos a sus hermanas en ausencia del padre, también aunque sean menores que ellas.

Se les discrimina en la ropa. Si había para huaraches o botas, eran para los hombres, las mujeres iban descalzas. El sombrero, que protege del sol y la lluvia, es prenda masculina, lo mismo el cotón de lana. Las mujeres deben conformarse con el rebozo. Jamás vimos una india con botas de hule, lo único adecuado para los lodazales de la región. Alguna, rara vez, que vimos muchachas de origen indio con botas, se trataba de hijas de caciques ya ladinizadas.

Al igual que los de su comunidad frente al blanco o mestizo, ellas reproducen su propia discriminación frente a los varones. En las casas la mejor ración de comida era para los hombres "porque ellos hacen el trabajo más duro", a pesar de que las mujeres acarreaban desde el río, situado a más de un kilómetro, cántaros que, llenos de agua, pesaban unos 20 kilos; eso llevando muchas veces el hato de leña —cortarla y acarrearla es otra tarea suya— y el niño a cuestas, sin importar si, además, estaban embarazadas. Su trabajo incluye moler maíz en el metate, echar tortillas, parir y criar a los niños. Los hombres no acarrean agua. Nunca vi a un hombre cargar un cántaro; en cambio las mujeres también cargan maíz igual que los hombres y eso desde niñas. Para la construcción de la casa de salud en la comunidad 20 de Noviembre, las mujeres acarrearon piedras grandes y madera.

Las diferencias empiezan desde la más tierna edad. Aunque la niña llegue de acarrear leña o traer agua, debe servir la comida a los hombres. El niño no tiene que lavar trastes o calentar comida; pero la niña sí tiene que romper la tierra con el azadón y sembrar.

No vimos que ninguna niña fuera a la ciudad a estudiar. En el albergue del INI que había en la 20 de

Noviembre había menos niñas que niños, alrededor de 60 y 80 respectivamente. Si llegaba a escasear ahí la comida, por lo general consistente en frijoles y tortillas, las niñas cedían su parte a los hombrecitos. A veces algún niño calzaba huaraches; las niñas nunca.

Las mujeres no asisten a las asambleas a menos que sean viudas —y esto sólo en algunas comunidades— y que sus hijos sean todos muy pequeños, porque cuando hay un varón de doce años éste toma la representación de la familia. Las mujeres no heredan la tierra.

—¿Por qué no traen a sus mujeres a las asambleas?, se les preguntó.

—No, *ps* no saben.

—Cómo que no saben. Sí saben.

—No, no saben.

Hubo ocasiones en que los pacientes preferían ir a otra comunidad a consulta con un médico hombre.

—¿Por qué no ven a la doctora que está en su comunidad?

—No. Ella es mujer y no sabe. Un hombre sabe más.

Algunos maestros ladinizados se llevaban chicas de la comunidad a las ciudades a trabajar como sirvientas. Los empleadores les pagan muy mal alegando que les dan casa y comida. Por lo general, al principio no les pagaban dizque porque apenas estaban aprendiendo. Con frecuencia los patrones o sus hijos las violan y embarazan sin que nadie responda por ellas.

En ocasiones son objeto de compra-venta. Los padres las entregan a cambio de semillas, bebida, dinero, etcétera.

—Un m`hijito —comentaba una mujer que había estado trabajando en la escuela de la comunidad— fue por mujer y dio un costal de maíz, doscientos pesos, unas panelas y dos botellas de posch por ella.

Al principio sólo muchachas solteras formaban parte del comité de salud, las casadas no se ofrecieron hasta que las comunidades empezaron a hacer propuestas.

—Ustedes mismas contribuyen al machismo, —les comentaban el doctor y su esposa tratando de abrirles los ojos—. Ustedes solas se devalúan.

—Es la costumbre, —decían.

En algunas asambleas, para ciertas decisiones, se les sugería: Consúltenlo con sus mujeres. Y los hombres contestaban de inmediato: No. Nosotros decidimos.

Cuando mucho el niño o el muchacho muy joven le preguntará a la madre, pero si alguno de los hombres habla de pedir opinión a su mujer, se burlan de él igual que aquí, como en la canción de Chava Flores: "Eres casado y te regaña tu señora".

Quienes idealizan a los indios adjudicándoles valores que no tienen y cerrando los ojos ante sus defectos, niegan que entre ellos haya machismo. Éste existe en todas partes, con sus variantes. Los indios no son la excepción de la regla; no tratan a las mujeres como iguales ni valoran en términos equivalentes el trabajo de los dos sexos. Las tareas domésticas, por ejemplo, son vistas con desprecio y consideradas impropias de hombres.

En tanto el muchacho elige pareja para casarse, la joven, en general, depende de la voluntad de su padre. El pretendiente, acompañado de su padre o éste solo, se presentan a pedir a la chica a cambio de dinero, maíz, animales, botellas de bebida u otros objetos. Por lo común la opinión de la muchacha no cuenta, el padre se arregla con los que vienen a pedirla. Si lo considera conveniente, pospone la respuesta: "Vengan dentro de un mes", a fin de sacarles más regalos. O de inmediato acepta: "Sí pero me das tanto". Es la dote, que se acostumbró aun en fechas no tan lejanas en muchos países que se dicen civilizados.

Aunque en las comunidades chiapanecas el anciano no goza de un nivel tan alto como en Oaxaca, no deja de tener algunos privilegios. A las asambleas, además de las mujeres, tampoco asisten hombres muy jóvenes o solteros. El joven soltero tiene menos categoría que el casado, pero éste, si vive su padre, le está supeditado y tampoco tiene voz ni voto. Sólo se toma en cuenta al muchacho cuando se independiza y pone su propia casa. Entonces sí ya representa.

El matrimonio consiste en que la pareja se vaya a vivir a casa del suegro paterno. No hay ceremonia. Casarse es irse a vivir juntos a casa de los padres del marido donde la pareja permanece de tres a seis años. Hacen fiesta en familia o con la comunidad. Le avisan al alférez quien se responsabiliza de la fiesta y de hacer el brindis. Es raro que se casen por la iglesia porque hay que traer al sacerdote que vive en la ciudad y eso cuesta.

Hay comunidades donde nomás le avisan a la familia, otras donde le avisan al comisariado y algunas donde llevan registro, pero éstas son raras. No tienen papeles de nada, no hay actas de nacimiento y no todos se bautizan. En realidad no necesitan acta más que cuando van a la escuela.

La pareja convive toda la vida. No vimos nunca que golpearan a las mujeres ni a los niños.

Son monógamos. Conviven hasta la muerte con la misma pareja. Es muy raro que un hombre tenga dos mujeres, y en ese caso la tiene en otra comunidad alejada. Los promiscuos son los que ya están ladinizados, como algunos de los maestros bilingües que como van de una comunidad a otra, llegan a tener hasta tres mujeres.

Los tojolabales no son celosos, pero si se dan cuenta de que su mujer anda con otro, la dejan y se pelean con el amante. El pleito puede acabar en homicidio, pero esto no es frecuente.

Son muy recatados en cuestión sexual. Ignoran mucho al respecto y no acostumbran mencionarlo. Las mujeres no dan información sobre cuestiones íntimas. Cuando se les pregunta, contestan:"Pos... saber".

Su actitud ante el sexo se explica en parte por su forma de vivir toda la familia en un mismo cuarto, niños y adultos, padres y abuelos. No gozan de verdadera intimidad.

El beso no existe entre sus costumbres. Ni siquiera se ve a recién casados tomados de la mano o haciéndose cualquier caricia en público.

No hay morbo. Las mujeres se bañan desnudas en el río y no las espían. Si por algo pasan hombres cerca de las bañistas, voltean la cara para otro lado. Lo mismo hacían cuando llegaron las doctoras y enfermeras; hay mucho respeto.

Las madres le dan el pecho al bebé sin taparse. Los hombres no las molestan con miradas lascivas.

Las mujeres trabajan hasta el último minuto antes de parir. Si les llega el momento estando solas en el campo, paren sin ayuda y cortan el cordón umbilical con los dientes. Algunas se hacían revisar después. La cuarentena consiste en no bañarse durante algunas semanas.

Las muchachas van vírgenes al matrimonio y no es extraño que los muchachos no hayan tenido contacto sexual alguno antes de casarse. Una de las razones es que se casan muy chicos, de trece o catorce años ellas y de catorce o dieciséis ellos. Otra razón es que los tienen bajo un rígido control. Las niñas viven muy encerradas.

Los ojos de la comunidad están puestos en todos. Les sería muy difícil a los jóvenes escapar a la vigilancia. Hay muy pocas ocasiones y lugares donde podrían entablar un contacto cercano, y aun en ese caso, no se atrevería ninguno de los dos por su forma de estar educados.

No existe prostitución en las comunidades ni entra dentro de sus costumbres. Para tener acceso a mujeres por dinero tendrían que hacerlo en las ciudades. Nunca vimos en éstas que los indios se acercaran por bares y sitios de prostitución.

Tuve algunas dificultades cuando, meses después de mi arribo, llegué con Carmen recién casado. No fue aceptada porque iba con pantalones y porque empezamos a preparar y a tomar solos nuestras comidas. Las mujeres no le hablaban.

—San tat, me saludaban al pasar (buenos días, padre), pero a ella ni volteaban a verla.

Además causó muy mala impresión que yo acarreara el agua junto con ella.

—Lóctori, no traigas el agua tú, tu mujer.

—Yo también puedo hacerlo, ¿por qué no? No quiero que ella venga cargando el cántaro. Ustedes no lo hacen por flojos.

—¡No, loctor!, —se reían— eso es de mujeres. Nosotros hacemos el trabajo duro.

—¡Ah, no es duro cargar el cántaro! Y trayendo la leña, embarazadas y con un niño de la mano.

Se reían, se reían.

—Eso que lo hagan las mujeres. No es trabajo de hombres.

Adquirí en Comitán dos latas alcoholeras y las suspendí de los extremos de un palo, recurso muy campesino para acarrear agua. Se carga el doble y con más facilidad por llevar equilibrado el peso. Estaba seguro de que ellos adoptarían esa innovación que ahorra esfuerzo y tiempo.

Hasta llegaron corriendo a verme.

—Vean, —les dije—. Así se carga el agua.

Se rieron mucho. Se volvió un espectáculo, pero no lo aceptaron.

El padre de Carmen nos regaló un Datsun usado con motivo de nuestra boda y volvimos en él a la comunidad. Mi esposa fue vista con recelo porque la veían salir siempre en auto. Hasta el día en que nos vieron ir a caballo seis kilómetros para tomar el camión a Comitán y de regreso los caminamos a pie, dejaron de considerarla como alguien extraño.

Dos extranjeras pidieron a unos muchachos

En una ocasión llegaron dos mujeres estadunidenses por la zona y escogieron a unos muchachos tojolabales para casarse. Enteradas de las costumbres, ofrecieron pagar la dote a los padres, que no aceptaron. Era demasiado insólito, todo el mundo se quedó estupefacto. Se los llevaron a vivir con ellas a Comitán.

Uno de los jóvenes le platicó luego a un amigo suyo los aprietos que pasaba con una mujer que lo desnudó y pretendió acariciarlo en sus partes íntimas, a lo que él se resistió. Y peor cuando quiso tocarle los glúteos. No se lo permitió. Y se avergonzaba terriblemente porque ella se desnudaba delante de él.

El confidente no se aguantó con tan sorprendente y regocijante secreto. Al día siguiente todos los hombres de la comunidad lo sabían. Fue ampliamente comentado entre risas estruendosas.

Las estadunidenses devolvieron luego a los muchachos a la comunidad y se fueron. Se supo después que su propósito había sido únicamente conocer la forma de comportarse de los varones tojolabales en la intimidad.

El mecatito

Las comunidades son tranquilas. Nadie escandaliza. Nadie tiene por qué escandalizar. No hay alcoholismo; la gente bebe los días de fiesta. Entonces beben hasta las mujeres; pero no hay peleas ni bulla excesiva. Los tojolabales son gente de orden, bien educada, fina como todas las etnias que mantienen sus costumbres ancestrales. No gritan, no alborotan.

El Virgilio se emborrachó; pero no se habrían metido con él de no haber sido porque se puso a dar desaforados gritos. Seguro estaba muy contento su corazón, pero esa forma de manifestarlo no cuadra con las costumbres de la comunidad. Y no nada más dio de gritos sino que hasta aventó la botella que se estrelló en el suelo con estrépito. Era demasiado.

Los amigos salieron a calmarlo.

—¡Ya, ya, deja de gritar! Métete a tu casa. Vamos, te llevamos.

—¡No! ¿Por qué? Suéltenme. Si yo quiero gritar, grito.

Y un estentóreo jayjayyy vibró estridente en el aire.

Se escabullía de las manos que pretendían sujetarlo. Dio de empujones y terqueó con necedad de borracho.

—¡Grito porque me da la gana! Grito porque sí... porque me da la gana. Y nadie me va a callar.

Sus amigos lo amenazaron con acudir al comisariado.

—¿El comisariado? A poco le tengo miedo. Tráiganlo, qué me importa... a mí la autoridad me...

Levantó los hombros con gesto desdeñoso y soltó un exabrupto en castilla ante el asombro escandalizado de sus amigos. Como si no fuera suficiente con embriagarse y dar de gritos y estrellar una botella en el suelo, Virgilio se atrevía a decir que no le importaba la autoridad. Esto ya rebasaba los límites de la paciencia y tolerancia de cualquier buen vecino de la 20 de Noviembre.

Indignados, sus amigos mismos fueron a ver al comisariado a ponerlo al tanto de lo que ocurría. El representante comunal se resistió un poco a acudir y castigar al atrevido que de tal forma osaba desafiar a sus coterráneos. Los amigos insistieron en que Virgilio debía ser encerrado en la cárcel por el mal ejemplo que estaba dando, y sobre todo, por la falta de respeto cometida con sus imprudentes palabras.

Ni modo. El comisariado se vio obligado a cumplir con su penoso deber. Junto con el grupo se llegó hasta donde Virgilio se sostenía apenas, apoyado el trasero en una esquina de la finca, cerca de la escuela, la cabeza colgada sobre el pecho y los brazos caídos a los lados del cuerpo. Estaba "hasta atrás".

Sus propios amigos lo condujeron casi cargando a la cárcel a donde la autoridad lo condenó a permanecer esa noche, el otro día y la noche siguiente, además de pagar una multa, al salir, de dos jornadas de trabajo comunal.

El delincuente cayó como un fardo dentro del cuartito que había sido cárcel desde los tiempos de la finca; sólo que entonces funcionaba la chapa grande de metal, ahora medio desprendida, y nadie sabía dónde había quedado la llave. Se cerraba por fuera con un mecate fácilmente alcanzable desde adentro por el cuadro de reja.

La puerta misma estaba desvencijada y el interior mostraba las huellas del tiempo y del descuido. El tapanco, que aprovechaba el gran espacio entre piso y techo, colgaba, apenas sostenido; ni intentar subir. Virgilio durmió la borrachera tumbado en el piso de ladrillo semidestruido.

Un poco más allá de la media noche lo despertaron ganas de orinar. En el cuartucho aquel no había sitio alguno apropiado para tal menester, pero no era necesario. Virgilio, igual que lo haría cualquier otro en su caso, sacó la mano y desató el mecate; la puerta se abrió, se encaminó hacia el patio y dando vuelta descargó el producto natural del metabolismo aumentado por las excesivas libaciones. Regresó por el mismo camino, volvió a meterse a la cárcel y tras atorar de nuevo la puerta se tendió a continuar el sueño.

Al día siguiente era domingo. A eso de las once de la mañana se presentó el médico con el grupo de jóvenes tojolabales que jugaban a la pelota en el patio de la escuela, a unos 30 metros de la cárcel. De ordinario se reunía con ellos para jugar básketbol, pero en esa ocasión el número de jugadores era impar. Quedarían cuatro de un lado y cinco del otro. Se propuso que el médico, con otros tres, se enfrentara a los cinco restantes, pero se consideró que aun así era desventajoso para el equipo de cuatro.

A alguien se le ocurrió:

—Háblenle al Virgilio.

Como acaecía con frecuencia, se pusieron a discutir en tojolabal, lo que hacía sentirse al médico en papel de tonto.

—¿Qué dicen?

Le explicaron que las opiniones estaban divididas entre llamar o no a Virgilio.

—¿Y por qué no?

—No, loctor, no va a querer. Es que está en la cárcel. Anoche se emborrachó y lo encerraron. Tú no te diste cuenta porque llegaste más tarde.

—Hace rato queríamos jugar tercias y no se completaba. Lo llamamos cuando salió a orinar y no quiso

—Oh, pues si pudo salir y volver a meterse, que venga a jugar.

Dos de los tojolabales se animaron a ir por el preso y regresaron a poco.

—No quiere. Dice que sólo si el loctor va por él.

La solución estaba a unos pasos. Ya no fue difícil convencer al Virgilio.

—Ven a jugar con nosotros.

—Si tú lo dices, entonces sí voy.

—Al cabo después te vuelves a encerrar.

—No, pos eso sí.

De nuevo sacó la mano por entre las rejas y desató el mecate.

Enfrascados en el juego se les fue el tiempo. Corrían bajo el sol, afanosos. Terminaron a eso de las dos de la tarde satisfechos, bañados en sudor. Salieron del patio de la finca y se dirigieron cada uno a su casa platicando animadamente.

Virgilio dio un brinco.

—¡Si yo me tengo que encerrar!

Se despidió con voces de los amigos que ya se alejaban y regresó a la cárcel. No se olvidó de asegurar bien la puerta con el mecatito.

El glorioso grito

Tras la celebración de la ceremonia de "El Glorioso Grito de la Independencia", el médico comentó con los maestros bilingües.

—Enrique, la bandera nacional actual no es la misma de Hidalgo, Morelos y Benito Juárez como dijiste en tu discurso. Hidalgo se levantó con un estandarte de la Virgen de Guadalupe; Morelos usó por primera vez en una bandera el águila náhuatl, pero sin los colores actuales, y la que Benito Juárez llevó consigo en su éxodo hacia el norte de la república, difiere de la que hoy tenemos.

—No, loctor. ¿Qué le pasa? La bandera nacional es la misma, siempre ha sido la misma. Por algo es la nacional, ¿no?

El otro maestro y algunos jóvenes del comité de salud que estaban presentes apoyaron a Enrique.

—Es la misma, loctor. Nunca hemos tenido otra.

Les explicó que la bandera tricolor se adoptó al triunfo de la lucha de independencia bajo el gobierno de Agustín de Iturbide por el llamado Ejército de las Tres Garantías. Les expuso el significado de cada color.

—Y después se ha modificado el escudo. Antes se representaba el águila de frente con las alas abiertas.

Se negaron a creerle. Insistieron en que el cura Hidalgo había enarbolado la bandera actual.

—Lo mismo que Zapata. El cura Hidalgo peleó por la independencia en Guanajuato y Zapata en el sur.

—Momento. Una cosa es la guerra de Independencia y otra la Revolución.

—No, pos es lo mismo. La Independencia también es revolución, ¿no? Y Zapata también se alzó para que fuéramos independientes.

—Claro que sí, loctor. Los dos pelearon para que fuéramos libres.

—Sí, pero es distinto. La lucha por la Independencia comenzó en 1810 y triunfó en 1821; la revolución comenzó en 1910, cien años después. Hidalgo peleó contra españoles y Zapata contra terratenientes mexicanos.

Lo miraban incrédulos.

—A poco después de tanto tiempo...

—No, loctor, los dos se alzaron por lo mismo. Así nos enseñaron en la escuela de Margaritas.

Cierto o no, no hubo forma de convencerlos.

Lorenzo, uno de los jóvenes del comité de salud, había seguido la discusión con aire decepcionado. El médico lo había visto así durante el desarrollo de la ceremonia en la escuela. Caminó con él cuando se terminó la conversación con los maestros.

—A mí no me gustó la fiesta, loctor.

—¿Por qué?

—No, no es lo que yo creía. Pos dicen que el cura Hidalgo dio el grito de la Independencia, y que el maestro Enrique también iba a dar el grito.

—¿Y...?

—¿Pos cuál grito? Yo creía que iba a echar un ¡yyyíííayy jay jay jay! de los buenos. ¡Y nada! Puro hablar. Estuvo re feo, bien aburrido.

De dónde llegó el mal

Un pasante de la comunidad de Bajucub le contó al médico durante una de las supervisiones, que su compadre del ejido de Morelia había ido a pedirle suero.

—¿Para qué lo quieres? Eso nomás te va a servir para mear. Es para los que no pueden tomar agua o están deshidratados. En este caso se les aplica por la vena.

—Entonces dame vitaminas.

—¿Vitaminas? ¿Para qué?

—Me canso mucho.

—Lo que necesitas es comer. Come huevos, pollo, naranjas.

—No, los pollos son para vender, loctor. Y las naranjas 'toy aburrido de comerlas. Entonces no sabes. Si no das suero ni vitaminas es que no sabes.

—Cómo chingados no. Lo que pasa es que los curanderos los engañan a ustedes. Les sacan diez pesos por suero o vitaminas que a ellos no les cuestan ni la mitad, y eso no les sirve para nada. Nomás los explotan.

El hombre se veía deprimido.

—¿Qué tienes? A ver, explícamelo.

—Me canso mucho. A las tres o cuatro de la tarde ya no puedo más. Y está triste mi corazón porque no puedo con mi mujer.

Lo interrogó sobre su rutina de trabajo y sus alimentos. Se acuestan en general a las siete u ocho de la noche y se levantan entre las cuatro o cinco de la madrugada. Desayunaba sólo un café. A las diez u once tomaba un puño de pozol (maíz martajado) disuelto en un poco de agua del pozo, a veces con azúcar o panela (piloncillo) y a veces solo.

—No siempre hay dinero para comprar, se lo toma uno nomás así.

Como a las tres o cuatro de la tarde comía un plato de frijoles, una o dos tortillas y chile del que llaman de siete caldos. De vez en cuando podía añadir un huevo a la comida o alguna fruta. Por la noche la cena se reducía a un jarro de café, y si había, una tortilla.

La desnutrición era evidente. El hombre se veía más acabado que hacía unos meses en que dejara de verlo porque se había ido a trabajar al Soconusco. Con frecuencia es difícil calcularles la edad porque entre el trabajo y la deficiente alimentación parecen viejos muy pronto.

—¿Cuántos años tienes?

—No sé. Pos unos treinta, creo. Ya estoy viejo, será por eso.

Se había casado a los quince años y tuvo seis hijos, de los cuales le vivían cuatro.

—Cuando me casé fui a que me recetaran suero y vitaminas y podía re bien con mi mujer, hasta tres veces en un día; luego dos y antes de irme... pos bien. De menos una vez por semana. Pero desde que regresé de tierra caliente no puedo nada con ella. También me siento muy cansado, no puedo pensar, no tengo ganas de trabajar... y hay que trabajar, ni modo.

Había estado ocho meses en el Soconusco en la pizca del café. Estaba bastante más flaco que cuando se fuera.

—Regresé hace dos semanas... y nada. Ni una vez he estado con la Paula. Ya no sirvo.

—¿Te picó algún mosco?

—Pos muchos, en tierra caliente.

—¿Tienes calentura por la noche y se te quita en la mañana?

El médico quería investigar si se trataba de paludismo.

—No, loctor, no.

—Se me hace que ya no te gusta tu mujer.

—Sí me gusta.

Manifestó preocupación por que no se hicieran comentarios sobre su problema sexual. Son muy recatados.

—Tranquilízate, nadie va a saberlo. El médico no comenta lo que sus pacientes le confían.

El único síntoma que presentaba era una tosecita. Lo trató de faringoamigdalitis, neumonía, bronquitis y le prohibió el cigarro.

En consulta posterior, el paciente le dijo:

—Sentí así como flemas... y cuando escupí eché sangre.

Lo llevó a Comitán a baciloscopía y placas. El hombre estaba tuberculoso.

A veces van a trabajar fuera y en vez de dinero traen enfermedades que se expanden en la zona, como tuberculosis, escabiasis y hasta enfermedades venéreas.

En casos como éste era obligatorio informar a la comunidad, ya que se trata de un riesgo social. Entraba en funciones el equipo de salud, médicos y enfermeras, autoridades de la comunidad y el comité de salud. Debía vigilarse que el enfermo siguiera el tratamiento hasta su completa curación, y si era necesario, que acudiera al hospital de Comitán. También se investigaba para localizar el foco del contagio. La tuberculosis es de declaración obligatoria por el peligro de contagio y el riesgo de muerte.

Se le prescribió al paciente un tratamiento para dieciocho meses a base de *Etambutol* y *Eritromicina*. No siempre eran constantes, con frecuencia se aburrían y dejaban el tratamiento. El hombre presentó recaídas y hubo que llamarle severamente la atención y vigilar por parte de responsables de la salud y por parte de la comunidad, que siguiera al pie de la letra las indicaciones médicas. Se logró su recuperación total.

Su comunidad de origen era la Nuevo México y allá se fue a investigar. Se hicieron reconocimientos y baciloscopías y el resultado fue que de unos trescientos habitantes del lugar, el 80 por ciento estaban tuberculosos. Había el antecedente de que varios hombres y hasta familias completas habían ido a trabajar al Soconusco, donde adquirieron el mal y lo llevaron a la comunidad.

¿Crees en Dios...?

—Oye loctor... ¿Tú crees en Dios?

A veces no se sabía para qué hacían una pregunta. Con frecuencia le estaban tomando a uno la medida.

—¿Por qué?

Lo más prudente era tratar uno a su vez de descubrir su intención y no comprometerse. El médico consideró arriesgado exponer su verdadero pensamiento porque podría provocar desconcierto y rechazo en la comunidad.

—Quiero que me digas por qué a veces actúa así.

Catarino era un muchacho que trabajaba en Comitán e iba de vez en cuando a la comunidad a visitar a su familia.

—Yo ya estoy dejando de creer. Me han pasado cosas muy malas a pesar de confiar en él... cuando le he pedido algo me lo ha negado. Y no creo merecerlo.

Había dolor en sus palabras.

—Dime, de veras, ¿tú crees que exista?

—Es cuestión de puntos de vista. La creencia depende de cómo ve cada uno las cosas, de las experiencias que haya tenido.

Ni sí ni no. Lo mejor era ser cauto.

—Le pedí tanto que salvara a mi hermanito... se puso muy mal y yo le llevé medicina de Comitán, aspirina y hartas vitaminas para que se compusiera. Le recé a Dios, le prometí ir a la iglesia si lo salvaba; también ir a la romería a Guatemala. Le prometí portarme bien, rezar mucho... y de todas maneras se murió. Mi mamá sufrió mucho y sufrió mucho mi hermanita, la que lo cuidaba. No me hizo caso. ¿Por qué?

La conversación con Catarino tuvo lugar un domingo en la cancha, frente a la escuela, mientras esperábamos nuestro turno para jugar básket.

—Yo trabajo mucho, loctor. No siempre puedo venir porque no tengo dinero y me dan ganas de ver a mi familia. Me siento muy triste allá, muy solo, y cuando vengo me la paso durmiendo, porque cansa hartísimo llegar a pie desde Comitán. Una vez adelanté trabajo para poder estar más días con mi gente. Trabajé duro y estaba muy cansado.

Sus ojos tristes miraban la lejanía.

—Se hace un día completo para venir a pie. Había caminado ya como la mitad y me dolían los pies y las piernas. Tenía ansias de llegar, una como tristeza que me apretaba el pecho. Pensaba por qué tiene uno que pasar tantas penas, por qué, si trabajamos tanto en la comunidad no nos alcanza el dinero para comer, y por qué si salimos a trabajar fuera tampoco alcanza, aunque siempre es mejor traer algo más, pero por qué con tanto trabajo y aguantando uno lejos de su gente... oí un motor y voltié. Allá lejos venía un trocero. Se alegró mi corazón. Si me alza, pensé, en cuatro o cinco horas estoy en la comunidad; si no, tenía que caminar toda la tarde y parte de la noche y llegar tan cansado, ya nomás a dormir; y luego regresar al otro día para llegar a tiempo a Comitán. ¿Cuánto iba a estar con mi familia? ¡Nada! Dios, le dije, por lo que más quieras, que se pare este buen cristiano. Conforme se fue acercando, me puse a mitad de la carretera y le hice señas con el costalito. Pues se hizo el que no me había visto y hasta me tuve que quitar porque por poco se me echa encima. Pero que se para un poco más allá. Me dio harta felicidad y que voy corrriendo para alcanzarlo. ¡Dios me oyó!, dije. Y ya casi llegaba, ya casi lo alcanzaba, y que arranca y se va y nomás me dejó tragando la tierra que alzó. Me senté a llorar.

Hizo una pausa. Yo sentía confusión, vergüenza, como si me cupiera alguna culpa.

—¿Por qué Dios me hace eso, loctor? Yo me porto bien, soy bueno con mi familia, no le hago daño a nadie. A veces pienso qué tengo que hacer para que me oiga y no encuentro.

¿Qué podía decirle?

—Dime la verdad, loctor. ¿Crees que exista?

Policía tojolabal

La carretera era muy angosta. A un lado estaba el precipicio y del otro la pared de la montaña. Antonio venía a caballo bajando y un camión subía en sentido contrario. El vehículo ocupaba el centro de la vía y no se detuvo por más que el tojolabal gritó e hizo señas para que al menos se hiciera a un lado y le dejara sitio para no desbarrancarse ni ser aplastado.

Muchas veces los conductores hacen gala de prepotencia con los indios y se divierten llevando la situación a extremos peligrosos. El indio era quien debía retroceder y buscar desesperadamente la forma de salvarse.

—¡Párate cabrón!

Inútil. El chofer iba con toda la intención de echársele encima. Por fortuna Antonio cargaba pistola. La sacó y le apuntó al abusivo.

—¡Te paras o te carga la chingada!

El tipo vio que no era broma y enfrenó rápidamente. El tojolabal pudo pasar lanzándole todavía unos cuantos insultos más, envalentonado por su ventaja y porque al fin y al cabo el chofer no era más que un indio ladinizado. El otro prefirió callarse.

Antonio se sintió muy satisfecho y rió para sus adentros.

—Si supiera que ni sirve la pistolita...

En casos como éste el indio lleva siempre la de perder, pero el conductor no podía prever que el objeto de su agresión iba a responder en esa forma. Antonio tenía pistola y no se cohibió de sacarla porque era policía. Trabajaba en Comitán como "guardián del orden".

Semejante "orden" incluye, además del sueldo, la posibilidad de chingar. A los indios, claro; aun con cargo, vale más no meterse con blancos y ladinos. Ni siquiera se le ocurría; la discriminación cumple sus objetivos y los indios, en general, tenían bien asimilado el esquema.

Con los ladinos ni con pistola; con los indios el uniforme era suficiente. Cargaba el garrote, pero ni falta le hacía.

Su oficio atraía comentarios de sus vecinos.

—Antes el Antonio era bien pendejo, pero ora ya se metió a policía.

Un día platicó con el médico, muy ufano. Se sentía otro desde que portaba el uniforme.

—Nomás me ven y se espantan. El puro respeto que le agarran a uno. "No jefecito, no me lleve. Le doy mi gallito. Ja ja".

Me gusta pasearme por las calles, cerca de la plaza. Me gusta verles el susto. Alzo la cabeza y camino como si ni me fijara en ellos, pero voy bien pendiente, como el gavilán listo a caer sobre el que se descuida.

Un día estaba yo en la mera esquina junto al mercado cuando oí ruido de agua y me asomé. Era un tojolabal. Estaba arrimado a la pared meando. Me hubiera hecho tarugo por ser conocido pero venían otras gentes y si no cumplía con mi deber luego ni me iban a respetar.

Puse la cara más fea que pude y me paré un poco de puntas pa' verme más alto que él.

—Ajajá. ¿Qué pasó? Y sí lo asusté, hasta paró de mear y se guardó tan rápido el pájaro que hasta se ha de haber mojado la mano.

—Camínale.

—¿Por qué, jefecito?

—¿Cómo por qué? Estás meando en la vía pública, y aquí en el mero centro. Vas detenido.

Me reconoció.

—¡Pero si soy de la 20! Somos amigos.

Se acercó otro que venía con él.

—¡No jodas! Déjalo.

—¿Ah sí? Pues ahora van detenidos los dos por faltas a la autoridad.

Que se me quieren escurrir y que los agarro bien fuerte, uno con cada mano. Apreté el garrote debajo del brazo.

—¡Camínenle los dos! Orita van a ver.

Apenas habíamos dado unos pasos cuando sentí que me tronaba bien fuerte adentro de la cabeza y me caí. Y que me arriman de patadas y luego se echan a correr.

Me enderecé del suelo y los vi largarse. Ya eran tres, el otro era uno de Bajacub que también me conocía. Me dio un estacazo en la cabeza que me dolió harto, hasta creí que me escurría la sangre porque sentía frío en el lugar. No, nomás se me alzó tremendo chipote.

No los denuncié, después de todo eran indios y hasta me podía ir peor luego con ellos, de por sí algunos me traen coraje porque trabajo de policía. Y me pegaron porque también soy indio, si hubiera sido ladino, no se atreven.

Andaba yo de malas, porque además del trancazo no saqué nada en varios días, parecía que los pinches indios se habían puesto de acuerdo para no traer dinero ni cosas que les pudiera quitar.

Mis compañeros policías me pendejearon.

—Cómo serás güey. Hay que sacar provecho, quítales lo que traigan, lo que sea, hasta una parienta que te arrimen, pero no los dejes ir sin que te den algo, luego pues para qué traes el uniforme, pendejo.

Seguí sus consejos aunque sin mucha suerte. Un día le acababa yo de quitar un pollo a una india y que me cae mi sargento.

—A ver, ¿qué traes ahí?

No hallaba ni cómo esconderlo y ni modo, ya me lo había visto.

—Un pollito, mi oficial. Este... lo acabo de comprar.

Hasta sudé y se me quedó la boca seca. Me di cuenta de que con el miedo se me notaba que algo malo había hecho.

—Se lo encargué a un mi primo y me lo trajo.

Quería echarle una risita pero nomás enseñaba los dientes.

Mi sargento me clavó re feo los ojos. Me hubiera querido desaparecer. ¿Qué iba a pasar? De menos me arresta o me corre o las dos cosas, pensé.

—Mira, cabrón, el problema no es que te cache sino que no compartes. Aprendes o no duras, hijo de puta.

Sin responderle nada le tendí el animalito. Me lo arrebató y se fue.

Me quedé pensando muchos días cómo hacerle para que la gente me respetara, porque sí sirve el uniforme pero lo malo es la cara de indio. Por todos lados me zoqueteaban.

Un amigo me aconsejó que me comprara una pistola y me dijo que un maestro de la comunidad de Jalisco andaba vendiendo una muy barata, tan barata que no lo podía yo ni creer. Y "ái" voy y que se la compro. A la hora de probarla, ya en mi casa, que explota.

—Ora sí me vieron de vuelta la cara de pendejo.

Pero que veo que nomás estaba rajada. Y que se me ocurre pegarla, y la pegué. No sirve pero me ven con ella y ¡ahora sí!, hasta se me cuadran.

Los chapines

Para los tojolabales los guatemaltecos o chapines son parte
de ellos mismos, una etnia más. No los ven como extranjeros y tienen razón. Son sus hermanos, sus iguales, de la
misma familia; los diferentes somos los mestizos y blancos
por tipo racial pero sobre todo por idioma, costumbres,
mentalidad.

La visita de los chapines a las comunidades es algo
normal, común. Van y vienen llevando mercancía a vender
o a intercambiar por otros productos. Con tzeltales y chamulas es principalmente trueque de unos artículos por
otros.

Llevan machetes, ropa, cántaros, radios, grabadoras,
cassettes, peinetas, listones, collarcitos, cinturones, botas de
hule, sarapes, manta, y algo muy apreciado: cal. Ésta se uti-
liza para ablandar el ollejo del maíz. Cuando llegamos por
ahí, ya empezaban a sustituir el cántaro de barro por el de
plástico. Pesa menos, no se rompe, es más barato. Pero son
de transnacionales, y los cántaros los hacen los indios.

Los chapines llegan hasta donde les alcanza la mercancía. Van de una comunidad a otra durante varios días,
con mayor frecuencia a las que están cerca de la frontera
como las de la selva; las tojolabales están más retiradas.
Viajan a pie desde territorio guatemalteco, por la montaña;

fácil se caminan cien kilómetros por vez. El flujo es constante, pero irregular.

Los maestros precisaban: Éste viene desde hace diez años, aquél desde hace cinco. Algunos aparecían por la zona desde hacía veinticinco o más años.

Para ninguno de los dos lados existe la noción de frontera que tenemos nosotros. Los tojolabales no entienden el significado que le damos a esa palabra.

—¿Ustedes saben que ellos son de otro país?

—No es cierto, son chapincitos.

—No son de México, son de Guatemala, hay frontera.

—No, no hay frontera.

—Sí, mira, es como los municipios, al terminar uno, para allá ya es otro. Igual México es un país y Guatemala es otro. Los divide la frontera.

—No existe la frontera.

—Así se le llama.

—Pues aunque tú lo digas, no hay. Son hermanos nuestros. Hablan diferente pero nos entendemos, en cambio la castilla muchos no la entendemos, y el maestro se siente más que nosotros porque entiende el español, dizque así se dice, que no se nombra "la castilla". No, el español es el de la finca, ése sí es distinto, y ustedes también. Los chapincitos y nosotros somos de los mismos.

Me llamó la atención que los guatemaltecos les vendieran cal para el nixtamal porque no comprendía la importancia que éste tiene para los que se alimentan principalmente de maíz.

Una maestro bilingüe me comentó una vez:

—Oye loctor, cuál consideras tú que sea el mayor invento del hombre.

—Pues... Hay muchos: las máquinas, el alfabeto...

—No. Ni las máquinas, los camiones, las libretas o los números. Para mí lo máximo es haber inventado ponerle cal al nixtamal. Con eso se le quita el pellejo al maíz y queda nomás lo blandito, lo suave. Si tú comes la tortilla que no está preparada con cal, la masa queda martajada, como la que usamos para el pozol. No sabe igual.

Por eso les complacía mucho que los guatemaltecos los proveyeran de cal.

Por más que se les insistió y se trató de explicarles, no admitieron que los chapines fueran extranjeros.

—Son hermanos más jodidos, más pobres que nosotros. Tienen guerra, los echan de sus comunidades a veces a toda la gente. El ejército es muy malo, cuelga y mata a la gente aunque no deba nada.

Los ven como a otras etnias hermanas. Y tienen razón, todos pertenecen al tronco maya. De algunos decían: "Éste es lengua jankobal" y "ése es tal y tal" según su habla. Todas son dialectos del maya y se entienden suficiente unos a otros. Algunos comerciantes sabían tojolabal, otros hablaban y contestaban en su lengua sin dificultad para ninguna de las dos partes.

—Ellos también les entienden a ustedes.

—Entienden pero no saben.

Quise hacerles comprender lo que son los países, las fronteras. Tuve una plática con los del comité de salud y les mostré un mapamundi y el mapa de México.

—Miren, nosotros estamos aquí.

Después niños y adultos iban llenos de curiosidad a ver si era cierto que "estábamos ahí".

Cuando llegaron masivamente los refugiados guatemaltecos, todas las comunidades los apoyaron en comisiones juntándoles maíz y lo poco de más que podían; les daban hasta de su pobre ropa toda luida porque la que les mandó el gobierno mexicano a los refugiados no fue suficiente. De pronto llegaron más de 20 mil personas huyendo de la masacre. Las comunidades tojolabales, dentro de su extrema pobreza, aportaron lo que pudieron para ellos.

—¿Tú qué les diste?

—Como siete kilos de maíz y un pollito chiquito porque no nos alcanzó para más.

Entraron muchos no registrados que las comunidades prohijaron. Les permitieron levantar techos en sus terrenos y compartieron con ellos su pobreza.

Cacique o Che Guevara

Fue una noticia magnífica que pusieran como jefe de Servicios Coordinados de Salud del estado de Chiapas a un médico que había sido maestro de infectología de los médicos pasantes que hicimos nuestro servicio social en la zona tojolabal en 1975-1976 y que seguíamos trabajando en el Plan. Teníamos muy buenas relaciones con él.

Qué suerte, comentamos. Vamos a verlo para que ayude al modelo; con él vamos a avanzar mucho.

Fuimos los cuatro a Tuxtla, capital del estado, a verlo. Le informamos acerca de los objetivos del Plan Tojolabal y sus características. Estábamos seguros de que aumentaría las plazas para pasantes en servicio social y apoyaría con recursos.

—No conozco ese Plan, —nos dijo—. Será prioritario pero lo desconozco. Infórmenme porque acabo de llegar.

Le hablamos sobre las condiciones de las comunidades; la falta de drenaje, de agua potable, de higiene y servicios; de la mala distribución y consumo de alimentos, la desnutrición, y como consecuencia, enfermedades endémicas y alta morbimortalidad; de la falta de apoyo para casas de salud, que construían las propias comunidades, y no sólo carecían de instrumental y muebles adecuados sino hasta de lo más elemental en cuestión de medicamentos y material de curación.

—Ustedes fueron mis alumnos y como tales, están retomando la filosofía que dio origen a la Escuela de Medicina del Politécnico. Lo encuentro muy bien, excelente, magnífico, pero yo ahorita no puedo autorizar recursos. Existen muchos problemas y tenemos que hacer primero un diagnóstico de la situación para establecer prioridades y dar soluciones. Ustedes andan medio desubicados, esto no es el Centro Médico La Raza del Distrito Federal. Es muy sencillo dirigir cuando se tienen recursos, pero es mucho muy difícil cuando no se tienen. Hay que endurecerse y hacer de tripas corazón ante problemas graves a los que no se puede atender. Es necesario establecer prioridades y dedicar los recursos a cuentagotas donde es más urgente. No es por no dar sino porque no hay. Ustedes están muy impresionados por las condiciones de la zona tojolabal; les aseguro que no han visto lo peor. ¿Han estado en las zonas endémicas de la oncocercosis? Si hay oportunidad los invito a que vean lo que es la miseria de verdad, la depauperación, la muerte. Se andan espantando de cualquier cosa, jóvenes. Cómo se ve que no conocen Chiapas.

Nos quedamos helados.

—Quisiera verlos enfrentar, además, los problemas internos de la institución. Me encuentro con una nómina hiperinflada, con gente que cobra sin trabajar. Ya tuve agarre con el sindicato. Puedo triunfar o salir corriendo.

No fueron sólo las palabras, sino la actitud prepotente, despectiva. Nos trató como si le pareciéramos ignorantes, poca cosa. No obstante, insistimos. Le contamos de las dificultades que teníamos con autoridades de salud, del desconocimiento de éstas acerca de las condiciones de las comunidades; como cuando nos ordenaron que depositáramos a diario las cuotas de recuperación que se cobraban a los pacientes

—Estamos a siete horas de Comitán, no podemos venir más que cada quince días. Y nos fijaron cuotas de recuperación de diez pesos por consulta. Las bajamos a dos.

—¿Por qué a dos? ¿Quiénes son ustedes para establecer cuota? ¿Por qué no tres o nueve?

Nos desconcertó. Creíamos que reconocería nuestro esfuerzo, nuestra preocupación por poner el servicio al alcance de gente tan pobre.

—Diez pesos no los ganan ni con un día de trabajo. Muy pocas veces ven ese dinero junto. Ganan algo cuando trabajan fuera de la comunidad, ahí dentro no hay salario. Trabajan por trueque, "tú me ayudas a esto y yo te ayudo a aquello". Lo llaman "valeduras". Y ya lo comentamos aquí y se comprendió, fue aceptada la cuota que propusimos con base en un estudio socioeconómico, y ha dado por resultado que las consultas aumenten de inmediato.

No parecía dar importancia a lo que le decíamos. Su tono era irónico.

—¿Saben lo que es prioridad? Aquí hay cuestiones mucho más graves que las que ustedes me vienen a plantear. ¿Conocen la familia de los simúlidos? Hay una inmensa variedad y sólo uno ataca. Es el que ocasiona la oncocercosis, que existe en muchas regiones con patología endémica. A ver, ¿qué es normatividad?

Nos apantalló con los términos para hacer sentir su autoridad. Al parecer tenía malas referencias de nosotros en el sentido de que reclamábamos mucho, que éramos exigentes y queríamos imponer criterios.

—No se anden por las ramas, está de por medio su carta de pasantes y sin eso no obtienen el título. Limítense a cumplir con lo que está establecido y no se metan a pretender remediar lo que no está en su mano. O se olvidan de todas las injusticias que han detectado o se olvidan de su título. Ustedes ya se quemaron las pestañas, deben tener otra visión, vivir su vida, trabajar por sus familias. Los problemas son muchos, las injusticias son muchas; pero no los van a poder solucionar.

Pronunció una frase lapidaria.

—Aquí sólo hay de dos sopas: o se hacen caciques o se hacen Che Guevara.

Percibió nuestro desconcierto y se justificó diciendo que todo el mundo lo estaba presionando. Se despidió en seguida porque salía de viaje. Dijo que le lleváramos información por escrito Que iba a informarse también en la jurisdicción y en la escuela de medicina de la que proveníamos en México.

Un mes después nos recibió de nuevo menos cortante. Nos preguntó si estábamos enterados de los programas del Seguro Social a nivel nacional.

—Sí, pero nosotros tenemos una planificación diferente, un programa de organización de la comunidad, de sectorización. Revisamos también a sanos empezando por los escolares, y formamos comités de salud, de parteras, de farmacia.

—Lo sé, ya me informaron, ya me di cuenta. Les puedo brindar todo el apoyo que gusten siempre y cuando me junten indias para control natal, diez o quince para salpingoclasia y vamos hasta en helicóptero.

Nos sorprendió, no dábamos crédito. Nosotros estábamos contra los programas de control natal, los veíamos como un genocidio planificado desde los Estados Unidos, y nos lo confirmaba el que los préstamos al gobierno mexicano se condicionaran a la meta de bajar la natalidad.

Ya lo habíamos discutido y analizado en el internado rotatorio de pregrado y concluimos que también era una forma de colocar anticonceptivos que estaban prohibidos en los Estados Unidos y aquí hasta los regalaban. Y no sólo anticonceptivos sino también otros medicamentos prohibidos allá, que se siguen produciendo y comercializando por laboratorios transnacionales en México.

Habíamos detectado lugares donde por cuenta de los programas de control natal se hacía lo que llamaban "maratón de salpingoclasias". En la capital del estado de Aguascalientes, en el hospital del Seguro Social, promovían las salpingoclasias, las hacían sin cobrar y ganaban prestigio los pasantes que convencían a más mujeres de hacerse la intervención.

En Chiapas también lo hacían. A un cura que prestaba servicios religiosos en un hospital y se opuso a esta práctica, lo corrieron las autoridades y corrieron también a los pasantes que estaban en contra del plan. A éstos les ponían metas dentro del programa de planificación familiar. Algunos inflaban los datos con nombres y domicilios falsos para cubrir el expediente. En todas partes hacían gratis las salpingoclasias, en cambio para medicinas no había presupuesto. Nosotros llevábamos el acuerdo desde la dirección del Modelo de no aplicar ese programa a menos que lo pidiera la pareja.

Nos decepcionó mucho que nuestro admirado maestro mostrara tal actitud. Nos retiramos muy desanimados.

Volvió a recibirnos cuando los coordinadores del Modelo fueron a hacer supervisión y asesoría. Hizo la cita con todos. Su actitud ese día fue muy diferente. Calificó de admirable nuestro trabajo.

—Aquí se necesita mucho para transformar a esta gente y es muy difícil encontrar jóvenes como ustedes dispuestos a ayudar en medio de tantas dificultades.

Hizo un reconocimiento a los coordinadores por el esfuerzo que se estaba realizando y afirmó estar dispuesto a ayudar, y que ya nos lo había dicho.

—Si yo les contara lo que he vivido en los escasos dos meses que llevo aquí... lo que hemos tenido que pasar, a veces por falta de recursos y a veces por problemas internos graves. He tenido que enfrentarme con cuestiones como la de personas que por años sólo se presentaban a firmar y a cobrar sueldos a veces muy altos y a las que nadie conocía. Empezamos a ubicarlos y a citarlos, muchos ni siquiera se presentaron y tuvimos que aventarnos la bronca de rescindir contratos. Por esta razón nos echamos encima al sindicato y he recibido hasta amenazas. Me río, pero también pienso que no voy a durar mucho aquí. En estos medios o te coludes con los de arriba o te coludes con los de abajo, y te sacan unos o te sacan otros. Pero por favor no vayan a creer que es disculpa o falta de voluntad de ayudarles, o que no se valora la labor que están ustedes haciendo. Estoy dispuesto a ayudarles en lo que pueda.

Nos comentó también sobre las relaciones con los diferentes grupos de trabajadores y empleados, los comerciantes que buscaban plazas, el dineral que se movía para conseguir permisos sanitarios sin reunir los requisitos necesarios y cómo en ésa y otras áreas proliferaba la corrupción.

En ese tiempo ignorábamos los mecanismos internos de las instituciones y las presiones que existen para obligar a que se acepten políticas impuestas desde arriba, como la de control natal. Nuestro maestro afrontaba muchas dificultades y tenía muchos enemigos, principalmente por haber intentado combatir la corrupción. Contra él se movilizaron la envidia de los médicos del estado que lo veían como alguien de fuera, impuesto, y la enemistad del sindicato por no plegarse a las prácticas corruptas. Finalmente lograron quitarlo, no duró ni el año. Pusieron a otro en su lugar y siguió la corrupción.

Era cierto que el presupuesto no alcanzaba, pero no tanto por la escasez de recursos que se le asignaban sino por fugas estratosféricas de dinero que se desviaban hacia los bolsillos de los eternos aprovechados. Ahí, como en todas partes del país, entonces y a la fecha, la corrupción es el cáncer que acaba hasta con los mejores proyectos.

Después este médico regresó a la Escuela de Medicina como docente, y volvió a ser el mismo que conocimos antes de que tuviera el puesto de funcionario.

Agua entubada

—El acarreo del agua es muy pesado y les quita mucho tiempo a las mujeres. Y no cubre las necesidades. En algunas comunidades que lo han solicitado se han instalado tomas de agua. ¿Por qué no buscar la forma de que se instalen aquí?

—No, loctor, es muy caro.

¿Qué cantidad de dinero puede considerarse excesiva ante el beneficio de contar con agua dentro de la propia comunidad? Agua por lo menos no contaminada como la del pequeño pozo comunal de donde se surtían.

El médico y su esposa padecían, como todos, por carencia del suministro de agua. No había ni siquiera recipientes donde almacenar suficiente líquido y era muy incómodo bañarse, por más que él ideó ponerle a un bote una llave y una regadera.

En visitas a Margaritas, cabecera municipal, la pareja había hecho amistad con el antropólogo del INI y su esposa. Fueron a visitarlos al caserón donde vivían y el médico le expuso su idea.

—No resulta muy caro, —les contestó el antropólogo—, porque el INI, en esos casos, pone la mitad de los costos. Además proporcionaría la parte técnica. Veríamos de enviar a un topógrafo. Nada de eso es difícil; el problema estriba en lograr el consenso de la comunidad.

—No creo que sea problema. Cómo no van a aceptar que se les resuelva algo tan indispensable. Lo que yo veo difícil es que el INI cumpla; ellos desconfían porque muchas veces se les hacen promesas que no se cumplen o los dejan plantados cuando quedan de acudir a la comunidad.

—Los incumplimientos son por las dos partes. Es cierto que el INI incumple pero ellos también fallan. Ocurre que a veces no vamos porque no se puede pasar por el mal estado del camino. Es obligación de ellos, por su propia conveniencia, mantener en buenas condiciones las pocas vías de comunicación que hay, y no siempre lo hacen. Se les tiene que presionar condicionando la entrega de fertilizantes y semillas a cambio del mantenimiento del camino para que siquiera podamos llegar. En ocasiones ha sido necesario amenazarlos con suspender la atención al albergue si no cumplen con una tarea que a ellos mismos les favorece. Ustedes ya llevan unos meses aquí y tienen un carrito, y han visto cómo se dificulta el paso de los vehículos en cuanto llueve.

Era cierto. Para poder transitar en tiempo de aguas, fue indispensable poner cadenas a las ruedas traseras del Datsun; de otra forma es imposible pasar los lodazales.

—Por mi parte apoyaré el proyecto. Hablaré en el INI para que manden al topógrafo y se haga el estudio. Ustedes convenzan a la comunidad.

Se hizo una primera reunión para discutir el asunto con los tojolabales. Hubo acuerdo en principio, aunque no todos estaban convencidos de las ventajas que les reportaría contar con tomas de agua inmediatas a las casas.

Llegó el topógrafo del INI para llevar a cabo estudio y proyecto, desde dónde se traería el agua, dónde iban a ubicarse llaves.

El médico hizo varias visitas al INI en Margaritas hasta conseguir presupuesto. La comunidad aportaría la tercera parte del costo total, que entre las 280 familias se reducía a una cantidad relativamente pequeña por cabeza familiar.

No era fácil lograr el consenso; no todos le encontraban utilidad suficiente para justificar el gasto.

El agua se llevaría de un venero situado a un kilómetro de distancia. Sólo se establecerían dos tomas de agua, y como algunos vivían más arriba, en la loma, casi les daba lo mismo que acarrear el agua del río. Había resistencia y objeciones de diverso tipo. Algunos protestaban.

—Y después, ¿de qué van a ocuparse las mujeres?

Poco a poco se les fue convenciendo. Empezaron a reunir la cantidad fijada. Algunos dieron el dinero a pesar de no estar del todo de acuerdo.

Ya se tenía casi todo, sólo faltaban dos o tres por aportar su cuota. Se organizó la asamblea final con asistencia de representantes del INI. El antropólogo se encontraba ahí.

Las mayores objeciones las presentaron aquéllos cuyas casas quedaban más lejos de donde se situarían las tomas de agua. Dijeron que no era justo pagar todos lo mismo, las cuotas debían ser mayores para los que obtendrían más beneficio por quedarles las tomas vecinas a sus casas, y menores para quienes quedaban más lejos. Se les insistió en que se pusieran de acuerdo. Se les hizo ver la ventaja de tener agua limpia, no contaminada como la del pozo comunal, expuesta a la intemperie, a la basura, y en la que con frecuencia se formaba una nata.

—¿Qué tiene? Pos nomás se le quita la basura y ya está igual que la otra. Siempre hemos tomado de ahí y no pasa nada.

Se argumentó sobre el peligro de parasitosis y otras infecciones ocasionadas por el agua sucia.

—Pos la hervimos y ya. ¿No dicen que con lo cocido se compone?

Insistieron en que se afectaba el quehacer de las mujeres. El médico objetó.

—El cántaro lleno pesa mucho, es muy pesado traerlo cargando desde el río.

—Ah pos ¿y la leña? De todas formas tienen que cargar.

Como la discusión se alargaba, se pasó a votación. Sólo hubo tres votos en contra. La comunidad, apoyada por los representantes del INI, determinó que no se haría, ante la desesperación del médico.

—Pero ¿por qué?, —interpeló al antropólogo después de la asamblea—. ¿Por qué una obra en beneficio de la comunidad y con la que la gran mayoría está de acuerdo, no se hace porque dos o tres se oponen? ¿Eso es democracia? ¿Eso es ver por el bien de la gente?

—No se altere, doctor. Usted no tiene con ellos la experiencia que tenemos nosotros. Cuestiones como ésta sólo se pueden hacer por unanimidad; basta con que uno se oponga para que no se deba hacer.

—¡No entiendo!

—Porque usted no sabe hasta dónde pueden llegar las cosas cuando se originan divisiones entre ellos. Aquí el desacuerdo es cuestión de vida o muerte. Hemos tenido muertos por cuestiones así y no vamos a incurrir en una irresponsabilidad. Lo siento mucho por el esfuerzo y la tenacidad que usted le ha puesto al asunto, pero el INI no puede permitirse un error de este tipo. Ya los hemos cometido en otras ocasiones y las consecuencias han sido graves. Ni modo.

A todas luces aquello parecía un absurdo. Con dolor de su corazón el médico vio que se le devolvía a cada uno su aporte.

—No lo digiero. Es una exageración del antropólogo. Esos que se opusieron iban a convencerse sobre la marcha de un beneficio tan grande como contar con tomas de agua aquí mismo.

No lo comprendió hasta algunos años después en que por una cuestión de tierras hubo división en la 20 de Noviembre. Esa gente tan suave, tan pacífica, resolvió con muertos la disputa.

¿Valdrá la pena?

A veces nos desesperábamos y decíamos: ¿Valdrá la pena estar aquí? ¿Valdrán la pena tanta tristeza, disgustos y privaciones, tanto desgaste, o será mejor irse a otro sitio?

Cuando me presenté la primera vez a la Jurisdicción Sanitaria, en Comitán, y le mostré mi carta de pasante al jefe, se me quedó mirando unos momentos como si me examinara.

—¿Tiene que ir forzosamente ahí? Tenemos varias plazas desocupadas. ¿Por qué no se va a Amatenango del Valle, cerca de Teopisca? Está a dos pasos, no hay problema de transporte. El centro de salud está bien equipado, con los mínimos necesarios para el primer nivel de atención médica. La gente fabrica cerámica, son comerciantes. No son ricos pero tienen suficiente para vivir. Usted lo vio de pasada; hay tiendas, mercados. El pueblo es chico pero tranquilo, y está desocupada la plaza. También tenemos plazas en Ciudad Cuauhtémoc, frontera con Guatemala. Ahí hasta puede cobrar algunas consultas fuera de horario para que se ayude. Yo le recomiendo que vaya a ver primero, que escoja.

—No. Yo vengo a un programa, a un modelo. Ya nos comprometimos.

—Pero es que en esas comunidades no tienen luz ni

agua potable. No hay ni centro de salud, pero ni casa para que se albergue. Yo no conozco, lo sé de oídas, pero creo que no hay ni transporte para llegar. Se tienen que caminar a pie desde la carretera no sé cuántas horas.

—Venimos destinados a la zona tojolabal y queremos ir allá precisamente por todas las carencias de que me informa. Queremos ayudar a los que están peor, no venimos buscando comodidades ni dinero; no es paseo, no es llenar el expediente; es proporcionar un servicio.

Le eché un rollo sobre la filosofía de nuestra escuela de medicina y sobre el proyecto. Su mirada se tornó indiferente; se encogió de hombros como diciendo: Allá tú, loco.

Después, en momentos de depresión, ante la desesperación por falta de recursos, por falta de entendimiento con la gente de las comunidades, por incomprensión y falta de apoyo de funcionarios, me preguntaba si aquel médico no tendría razón. Los resultados eran pobres, se avanzaba muy lentamente pese a éxitos parciales. Ahí mismo en Chiapas había otras opciones; no era indispensable sacrificarse tanto, en otros lugares también se podía contribuir y no se padecía como en la zona tojolabal.

A ratos entraba uno en crisis. Compañeros del mismo plan, cuando íbamos juntos a la Jurisdicción en Comitán, comentaban:

—Esto está de la chingada. Ya de plano es masoquismo seguir aquí. Sería bueno valorar si vale la pena.

Sin embargo, algo nos hacía persistir, aunque luego volvieran a surgir dudas, vacilaciones. ¿Lo apreciarán los tojolabales? ¿Se darán cuenta de lo que nos cuesta permanecer con ellos? ¿Les servirá de algo, en realidad? ¿Lograremos cambiar las cosas, aunque sea un poco?

Las opciones para servicio social eran muchas. Los compañeros que iban a ciudades de provincia o los que se quedaban en el Distrito Federal, tenían posibilidad de dar consulta cobrada después de cumplir con su horario de servicio. Había quienes sacaban de esta forma hasta cinco veces el sueldo que nos daban como pasantes.

En tanto en la zona no era sólo la falta de oportunidades sino las condiciones; incomodidades, mosquitos,

pulgas, alimentación pobre y monótona, carencia de transporte, barreras de idioma y cultura, soledad, falta de higiene.
Por las condiciones del tojolabal, durábamos a veces hasta
ocho o diez días sin bañar, a diferencia de la selva, donde
hay mucha agua y por el calor es agradable la temperatura.

Para mí ese año fue paraíso porque a los tres meses
de haber llegado a la comunidad, regresé al Distrito
Federal a casarme y llevé ahí conmigo a Carmen, mi esposa. Tuve la compañía ideal. Nos salíamos a caminar por la
comunidad, al cerro, al río; recorrimos la península de
Yucatán y muchas partes del estado de Chiapas; fuimos a
los lagos, a Guatemala, gracias al carrito que nos regaló el
papá de ella. Pero los demás no gozaban de esos privilegios, y aun así yo mismo me hacía reflexiones no siempre
optimistas.

Los pasantes alquilamos una casa en Comitán para
cuando llegábamos cada quince días. La pagábamos entre
todos. Ahí nos reuníamos y hacíamos asambleas de evaluación.

Podría parecer que esos tres o cuatro días en que estábamos juntos eran descanso y hasta recreación; ver a los
compañeros, intercambiar experiencias, platicar anécdotas,
estar uno entre sus iguales; pero la convivencia no siempre
es fácil. Las dificultades menudean, y eso lo vi no sólo
cuando estuve como pasante sino a lo largo de los años en
que seguí como supervisor-coordinador en el Plan.

Al principio nos cuidábamos hasta de no tender a la
vista nuestra ropa interior, sobre todo cuando llegaron
muchachas, enfermeras y doctoras. Después nos importaba
poco a todos. Incluso ellas, ya no ocultaban ni sus prendas
más íntimas. Había dos tazas de inodoro y nadie guardaba
recato alguno.

Cuando llegábamos a la casa había que distribuir
tareas: aseo, compras, proveer la despensa, preparar comidas, barrer, recoger y sacar basura, lavar trastes, etcétera.
Los gastos se hacían en cooperativa y se establecían comisiones para todo; también para hacer trámites en la
Jurisdicción, entregar informes, hacer evaluación, recoger

correspondencia. Aparte tenía uno que lavar su ropa y hacer compras personales.

Nos organizábamos para comprar el *chupe*, que se pagaba entre todos. Antes de retirarnos la casa debía quedar perfectamente limpia y ordenada, según el orden propuesto; pero esto no pasaba de ser el ideal. No todos ni siempre cumplían con su deber; había que pelear, discutir constantemente, hacer críticas en asambleas.

A veces el encargado de tirar la basura al irnos no lo hacía y al volver apestaba horrible; o se negaban a barrer o a lavar trastes, o lo hacían mal; o ponían pretextos para no realizar tareas que se les asignaban; o las dejaban atrasar.

Había tipos a los que no les importaba la crítica y mandaban a todos al diablo, lo que originaba discusiones y desavenencias.

—¿Quién fue el cabrón que lavó los trastes? Aprende a hacerlo bien, güey, o te va a tocar doble.

—Si no te gusta, hazlo tú.

—No, yo por qué voy a pagar lo mismo si no como tanto como ustedes. Yo ni bebo. Que paguen más los que consumen más.

—Cabrón apaga tu radio, no dejas dormir.

—Tú menos dejas dormir con tus ronquidos.

—A ese güey le apestan las patas.

Ahí salían los complejos del hijito único, consentido; del que se avergüenza de realizar tareas domésticas. Pero no queda de otra; en esa situación, cabestreas o te ahorcas. Si no cumples con el grupo tendrás que afrontarlo.

Hubo pleitos, rompimientos. A Carmen y a mí nos dejaron colgando los otros tres y se fueron a otra casa. No soportaron que yo fuera tan exigente y quisiera imponer la disciplina con dureza. Es posible que además cometiera otros errores. Ya cuando me tocó como supervisor había aprendido a manejar mejor la situación.

En los años que duré en el Plan, no conocí una sola generación que no hubiera tenido dificultades, problemas de grupo, personales y de pareja. En ocasiones los enfrentamientos se daban entre hombres y mujeres; cuando había más hombres, querían imponer sus puntos de vista votando juntos, o al revés, también las mujeres pretendían aprovechar cuando el número las favorecía, o se originaban divisiones, subgrupos. Los hombres nos creíamos muy avanzados y progresistas y criticábamos a los maestros y a los tojolabales por su actitud ante las mujeres.

—Pero si ustedes actúan igual muchas veces, nos llegaron a decir doctoras y enfermeras en más de una ocasión. Presumen de muy revolucionarios y lo que son es machistas leninistas.

No hallábamos ni qué responder, salíamos con bromas o evasivas; sobre todo porque nos dábamos cuenta de que tenían razón.

—Ora sí nos fregaron, comentábamos aparte entre nosotros. Qué gacho, Nacho.

La mayoría abusaba cuando se traía entre ojos a alguno. Había un pasante, Viñales, al que todos fastidiaban por haber confesado que había sido del PRI (el partido oficial). Tuvo que soportar bromas, impertinencias, presiones. Comisiones que los demás rechazaban se las enjaretaban a él. A la hora de votar, coreaban:

—Vi-ña-les, Vi-ña-les, Vi-ña-les.

Llegaron a hacerlo llorar de rabia e impotencia.

Muchos tomaban poses de *grillo*, se jactaban de ser muy revolucionarios. Circulaban libros de Marx, del Che, de Mao, de Ho Chi Minh, de los sandinistas, de los Huk de Filipinas, de la guerrilla guatemalteca como el llamado "Guatemala, escuela de nuevos hombres". Pero también había quien se lo tomara muy en serio. Algunos de los pasantes se incorporaron a las guerrillas centroamericanas.

Las condiciones influían para generar conductas diferentes a las que observa la gente cuando vive en su medio. Hubo muchachas que acudían llorando a pedir ayuda por haber salido embarazadas. "Me van a matar en mi casa". Algunas alegaban haber sido violadas en la selva. Era verdad a veces y en otras era forma de ocultar conductas pues lo mismo se daban casos de abuso de los varones que de muchachas que andaban de ofrecidas. Los supervisores no nos metíamos en estos asuntos a menos que repercutieran en el trabajo. Había que comprender: la soledad, la incomunicación, la lejanía de los familiares, la edad... otro de los problemas era que a veces no alcanzaba el dinero. Había pasantes casados que debían mandar a su familia parte de su exiguo sueldo.

Una de las generaciones de pasantes médicos estuvo compuesta por cuatro hombres y una mujer. Ella conocía a las esposas de dos de ellos y a la novia de otro. Era una chica de mucho carácter y dominaba al grupo. Cuando los casados recibían su paga, les quitaba la parte que debían mandar y ella misma la enviaba a las mujeres. Luego aportaba su sueldo para todos.

—A mí me dan de comer y de beber y lo demás no me importa.

Esto no era obstáculo para que se acostara con todos ellos. Ni siquiera lo ocultaba.

—A todos les doy batería— se ufanaba. Lo malo es que ellos, a veces, ni la hacen.

Era un grupo alegre. Llevaban guitarra y se ponían a cantar.

La novia de uno de los solteros se enteró del rejuego y rompió con su prometido y con ella. Habían sido muy amigas. Cuando él volvió del servicio, los novios se reconciliaron y se casaron. El otro soltero se casó después con la doctora.

Una pareja de novios entabló allá relaciones íntimas. Empezaron los conflictos entre ellos por celos.

Tuvieron una niña, se pelearon y regresaron separados. Otros se relacionaron allá y se casaron al volver. Hubo enfermeras que se hicieron amantes de médicos casados y médicos que andaban hasta con tres enfermeras.

Todo esto que nosotros contemplábamos con indulgencia y lo considerábamos propio de las condiciones, era muy mal visto por los tojolabales. Sin enojarse le hacían sentir a uno que no estaba bien.

—Es que ese loctor y la enfermera andan metidos. Los vieron abrazándose y besándose y no están casados. Se ve mal. Vienen a enseñar y qué ejemplo dan. Los chiquillos quieren ser como el loctor o la enfermera. ¿Eso es lo que van a aprender?

Yo pretendía bromear al respecto. No lo aceptaban.

—No, loctor, esto es serio.

Las experiencias se enlazan

Entre los dos modelos, Plan de La Selva y Plan Tojolabal, se abarcaban más de cuarenta comunidades.

Lomantán, Bajucub, Justo Sierra y 20 de Noviembre eran sedes de un ramal del Plan Tojolabal y otro ramal tenía sedes en Saltillo, Veracruz, La Libertad, Jalisco y Aquiles Serdán.

El Plan de La Selva también estaba dividido en dos ramales; las sedes de uno eran Amparo Aguatinta, El Zapotal o San José El Zapotal, La Estación, San Antonio de los Montes y Nuevo San Antonio; del otro eran Nueva Jerusalén, Gallo Giro, Loma Bonita, Santo Domingo y Santa Margarita Agua Azul.

En éstos todavía vieron fauna selvática: tepezcuintle, venado, changos, jabalí, tigrillo, tucanes, tamboreros, (animales parecidos al puerco espín). Estos últimos son feroces. Atacan a la gente.

Ya entonces la supervisión y asesoría era muy diferente a cuando fue como pasante. Antes era sólo visita de observación con un cronograma de actividades; después se llevaban objetivos, un programa. Se adquiría información para dar estructuras a un verdadero modelo, un programa piloto.

Se hacía diagnóstico de la realidad, se detectaban los

problemas y se planteaban alternativas, objetivos con metas viables, útiles. Ya se habían generado muchas experiencias, información, metodología, y la práctica las rebasaba y se seguían generando métodos, evaluando, enriqueciéndolos con aportaciones, reestructurando y avanzando.

Se escribieron documentos para las nuevas generaciones de médicos pasantes y enfermeras y se transmitieron las experiencias a las comunidades. Lo más rico y avanzado se hizo con reuniones en las comunidades, en realidad congresos. Se juntaban hasta veinte comités de salud en una comunidad a exponer dificultades del desarrollo del trabajo, experiencias y soluciones encontradas. Las exposiciones se hacían en su lengua."Tuvimos este problema y lo resolvimos así, y si quieren nos quedamos aquí para decirles cómo aplicarlo a sus circunstancias".

Se realizaron intercambios entre comités de la selva y los de tojolabales. Los de la selva eran migrados y tenían otro nivel. Se notaba la diferencia de desarrollo entre unos y otros. Lo que en la selva se avanzaba en un año, requería dos o tres veces más tiempo con los tojolabales. Es que la gente de la selva hablaba *castilla* y se entendía mejor con los pasantes.

A través de supervisiones y asesorías se lograba también nutrir al modelo urbano de San Pedro Xalpa en Azcapotzalco, D.F., de donde salían los médicos que iban a hacer su servicio social en estos modelos, y a su vez este modelo urbano retroalimentaba a los modelos rurales. Esto dio origen después a los postgrados de especialidad en Medicina General Familiar Comunitaria y a la maestría en Atención Integral de Salud Social*, atendiendo así a demandas de los médicos, ya que al principio iban a la zona tojolabal sin más preparación que el Internado Rotatorio de Pregrado y se incorporaban a un modelo que no concordaba con lo aprendido. Al completar el postgrado llevaban ya la preparación adecuada.

*Éste fue uno de los 37 posgrados que la dirección del IPN suspendió en 1993.

Discusión con los maestros

—Ustedes no conocen a los tojolabales.

Los maestros se quedaron estupefactos. Primero se extrañaron, después sonrieron con irónica indulgencia.

—Nostros hemos estado yendo ahí por más de cuatro años antes que tú. Tenemos libros escritos sobre ese grupo y sobre otros de la región.

Al inicio no teníamos confianza para hablar francamente con ellos; había simpatía, admiración de nuestra parte pero no una amistad completa. Los que habían hecho Servicio Social en la zona no se atrevían a decirles abiertamente lo que pensaban después de un año de experiencia.

Antes de que nos instaláramos en las comunidades nos dieron mucha información, pero tras haber vivido ahí, nos reíamos por el desajuste entre esa información y la realidad.

—Ustedes no los conocen bien. Para conocerlos de veras hay que vivir con ellos, comer de su comida, tratarlos, participar con la comunidad en todo.

Ese primer choque con los coordinadores generales fue ya como docente con plaza en la Escuela Superior de Medicina, con autoridad para dar pláticas a pasantes que iban a continuar la labor. Vi las notas y guiones de los maestros y les dije:

—La información es incompleta y hay casos en que no se ajusta a la verdad.

Traté de explicar de qué forma se podía avanzar más, pero fui malinterpretado. Los maestros creyeron que se trataba de rebajarlos, de menospreciar su labor. Creyeron que se les quería poner en evidencia.

La intención era mejorar la preparación de los pasantes, darles una información lo más objetiva posible, algo más útil y completo; que no se sintieran confundidos y hasta defraudados al enfrentarse a las condiciones de las comunidades, como nos ocurrió a nosotros.

—No nos hablaron de las dificultades del transporte, se quejaban mis compañeros. No nos hablaron de la falta de higiene, de los mosquitos, las pulgas, de la alimentación monótona y escasa; de tantos aspectos con los que uno choca, de tantas situaciones que no nos dicen cómo resolver.

—Es necesario informar quiénes son y cómo son de veras los tojolabales.

—¡Pero si nosotros fuimos los que te llevamos!

—No es posible que ustedes se den cuenta de la verdad porque llegan a las comunidades de visita, como turistas, y entonces los tojolabales actúan como con visitantes. No se comportan con naturalidad y muchas veces les informan lo que ellos captan que ustedes quieren oír. Con frecuencia no entienden bien lo que les están preguntando. Para conocerlos de veras hay que vivir con ellos. No es lo mismo que le digan a uno "comemos esto o aquello" que comerlo con ellos y en sus propias casas.

Había una tendencia muy marcada entre los maestros a idealizar a los tojolabales. Decían que estaban muy bien organizados con sus formas ancestrales, que su organización es de siglos y muy avanzada y democrática, con gran participación de la mujer.

—No es cierto. Su organización proviene de las propias circunstancias en que viven y de lo que les llevó la Reforma Agraria. Por supuesto conservan también algo de costumbres y cultura propia. Y no hay tal participación de la mujer en las decisiones, está muy sometida. Ninguna mujer asiste a las asambleas.

—Ellos las consultan en sus casas y llevan su opinión a la discusión.

—No es así. A veces se les sugirió que lo hicieran y se negaron. Los hombres son los que toman las decisiones.

—Pero son muy solidarios con sus mujeres. Ellas se dedican nada más a sus casas.

Se les replicó exponiendo las labores tan rudas que realizan y en las que los hombres consideran indigno ayudarles. Se les habló de la discriminación en la ropa y la comida y en otros aspectos.

—Lo que puede anotarse a su favor es que no presenciamos nunca escenas de violencia familiar. No hay golpes a las mujeres ni a los niños; tampoco hay prostitución en las comunidades. Sólo vimos casos de promiscuidad en gente ladinizada.

No aceptaban que los padres vendieran a las muchachas por maíz, frijol, bebida, dinero.

—Te equivocas, no las venden. Es su cultura.

—Los mismos maestros bilingües nos decían que si queríamos mujer para vivir con ella, teníamos que dar dinero o mercancía. Es la forma más común de adquirir mujer y en general no cuenta la opinión de ellas.

Había muchos mitos respecto a los tojolabales. Nuestros maestros decían también que ellos tenían grandes conocimientos heredados de sus ancestros y que se transmitían de padres a hijos; pero que no se los mostraban a cualquiera.

—No es cierto. La continuidad de su cultura se rompió en muchos aspectos fundamentales desde la Colonia. Ellos desconocen el pasado prehispánico. Luego pasaron de la semiesclavitud de la finca a la marginación actual.

Alguno sostenía que los tojolabales conservaban, como herencia de sus ancestros, una semilla misteriosa que sembraban en la selva y que les ha permitido vivir y reproducirse por generaciones. Después de permanecer entre ellos un año, comer lo que comían, trabajar con ellos, sembrar con ellos, no encontré por ninguna parte la dichosa semillita. Al cabo di con ella. Lo comenté con otros pasantes.

—¿Cuál es?

—El maíz.

Se quedaron estupefactos, incrédulos.

—¡Cómo!

—Sí. No hay más.

—Oye, pero ¿no es algo que siembran de forma clandestina? ¿Por qué, entonces, nos lo dijeron en la escuela?

—Supongo que para que nos interesáramos.

De maíz es la base de su alimentación, de maíz es casi todo lo que comen. El pozol, su bebida más común, elotes, esquites (maíz tostado), pinole, atole, tempoduro (panela con maíz), tortillas, tamales, totopos (parecidos a los de Oaxaca). Les demostré de cuántas formas comen el maíz, base ancestral de su alimentación. Hasta licor se puede hacer con maíz fermentado.

—Entre ellos no existe homosexualismo, nos aseguraban.

—¿Que no? Yo los vi en las fiestas. Hay inhibición para bailar al estilo de los ladinos y mestizos. Aunque bailan hombres con mujeres, también bailan mujeres con mujeres y hombres con hombres y en algunos casos vi a éstos dándose sus buenas agasajadas sin que a nadie le llamara la atención.

También nos habían dicho que estaban organizados a través de su religión dizque antigua, y la habían incorporado a la actual.

—Han tenido capacidad para rebasar la penetración ideológica religiosa.

—Estás jodido, no es cierto. Ahí, en un solo lugar, encontré hasta siete religiones distintas y ninguna es antigua, todas son variantes del cristianismo: católica, testigos de Jehová, evangélicos, pentecosteses, etcétera. Hay expulsiones por motivos o pretextos religiosos. A veces dejan la religión católica porque los obligan a cooperaciones económicas y a cumplir cargos con los que no están de acuerdo.

Nuestros maestros se negaban a admitir que había caciques indios tan duros y déspotas o más que los ladinos y mestizos. Son gente que ha logrado tener más tierra, ganado y dinero y emplean peones.

—No te lo creo.

—Te doy nombres. Y te demuestro que el cacique indio es peor que los otros porque conoce bien a los suyos y porque tiene que vencer el automenosprecio por ser indio. Tiene que ser más duro o no lo respetan, y los maestros, no se diga. Muchos se ladinizan y abusan de su posición. No faltan los que luego de recibir la enseñanza, no vuelven por su comunidad.

Cuando se les conoce a fondo, cuando se llega a entenderlos y se comparte su vida, se les ama y respeta como a cualquier grupo humano. Cuando se vive en las condiciones en que ellos han estado viviendo desde hace siglos, se comprenden y aprecian más sus virtudes; su amistad, su ternura, su solidaridad; y se lamentan los resultados de la marginación en que se les tiene, que no es vergüenza para ellos sino para un país y un sistema que no han sido capaces de darles una vida digna. Pero no hay que caer en idealizaciones.

Nos decían también que los indígenas eran muy higiénicos. ¿Cuál higiene en esas condiciones? Bañarse en el agua helada del río no es nada agradable. Lavar la ropa no era frecuente porque por lo general no tenían más que la muda que llevaban puesta. Al principio ni siquiera se lavaban las manos.

No había insecticidas y proliferaban insectos de todas clases. Tenían muchas pulgas. A veces, cuando estaba uno en consulta, le brincaban de la ropa del paciente a la propia.

Los maestros se indignaban cuando se les rebatía.

—Entonces tú no has leído lo de la antigüedad. Ellos descienden de grandes hombres.

—Eso no trasciende a su situación actual. Ignoran todo lo referente a la cultura de los mayas. No conocen ni Palenque.

—Tú niegas que mantienen la ciencia de sus antepasados, por ejemplo, para comunicarse. A ver, ¿cómo te explicas que en cuanto hay peligro o aparecen soldados por la zona, se enteran todas las comunidades? Utilizan correo ancestral como el de los aztecas. Se comunican por medio de estafetas. ¿Cómo saben cuando van médicos de México? Siempre que llegamos a las comunidades ya nos están esperando. Es a través de su organización como mantienen la red de comunicación entre ellos.

—Ir de una comunidad a otra para informar no es tan difícil, pero además tienen un medio de comunicación moderno: el radio de pilas. Se hablan por radio o van a la estación en Comitán y ponen un radiograma. Y para convocar utilizan el cacho o cuerno de toro. Ésa es la gran ciencia.

—Tú no has leído el trabajo de Ricardo Pozas.

—Claro que sí, pero él estudió a los tzeltales y tzotziles. No estuvo con los tojolabales.

—Entonces, ¿qué aprendiste?

—Aprendí a observar y a sacar conclusiones propias. Ustedes dan información turística. Van a las zonas a hacer turismo académico.

—Si tu opinión es que la información que les damos a los pasantes no sirve, ¿por qué no haces un documento donde expongas lo tuyo? Porque si no demuestras lo que estás diciendo te podemos cambiar de cargo.

—Oye, aliviánate, me dijo uno de los compañeros. Te van a correr.

Un sábado nos juntamos maestros viejos y nuevos a echarnos unos tragos. Hablamos ahí con más confianza que en las reuniones formales. Comprendieron nuestros argumentos y se superaron suspicacias. Se interesaron en ver mis documentos, audiovisuales e informes. Sirvió para que se reestructurara la información que se proporcionaba a médicos pasantes que iban a la zona, pero sobre todo para que se tomaran en cuenta las sucesivas experiencias de los que continuaron el trabajo. No hay informes que puedan sustituir a la experiencia individual y del conjunto. Cada pasante por sí y cada comité de salud fueron enriqueciendo el conocimiento y añadiendo valiosísimas experiencias para la labor que se desarrolló en la región.

Wajtik

—La comunidad quiere hablar contigo. Vienen el jueves.

—Hablar conmigo... ¿para qué?

—Saber.

—¿Quién te lo dijo?

—Pos... Varios, aparte del comisariado.

—Pero ¿de qué se trata?

Enrique se mostraba evasivo. Era evidente que algo ocultaba. No saben mentir, muchas veces ni siquiera disimulan bien.

—¿Hice algo mal? ¿Alguno que curé se volvió a enfermar?

—No, no.

—¿Para qué me quieren? Tú lo sabes y me lo vas a decir.

Traía el paquete atorado. No hallaba cómo evadir la presión del médico.

—A ver, suéltalo. Y no me vas a echar mentiras.

Encontró la salida del atolladero.

—Me dijeron que no te lo dijera, pero no es malo.

El médico se quedó pensando.

—De seguro quieren que se represente otra vez la obra de teatro que pusieron los maestros, o vinieron de otras comunidades a pedirla, o quieren más obras... o un torneo de básket... quién sabe.

Faltaba un mes para que se cumpliera su año de servicio. Pronto dejaría la comunidad. No quería pensar en ello para no sufrir de antemano por algo inevitable.

Notó que cuando se cruzaba con los comuneros lo saludaban muy contentos, muy sonrientes. Una chispilla de felicidad brillaba en sus ojos. Sospechó que le preparaban algo, un regalo, una despedida.

La asamblea, como de costumbre, se llevó a cabo en la explanada, delante de la casa de salud. Estuvo más concurrida que nunca, asistieron más de trescientas personas contando a los niños del albergue.

Se utilizó el aparato de sonido para citar. Estaban presentes dos maestros bilingües. Todos se veían contentos.

El comisariado tomó la palabra.

—Queremos pedirte que no te vayas, que te quedes con nosotros.

Ésa era la sorpresa. Para eso lo habían citado.

—Tú has dicho que está contento tu corazón con nosotros. Nosotros también estamos contentos contigo. No te vayas.

El médico pasante tragó gordo. Sintió la presión de esa presencia multitudinaria de la comunidad, esas caras sonrientes, esos ojos pendientes de él mirándolo con cariño. No era fácil, a pesar de haberlo comentado ya en otras ocasiones. Lo repitió a través del intérprete. Su estancia ahí se debía en principio a un proyecto de la Escuela Superior de Medicina del IPN, compartido con otras instituciones como la Secretaría de Salubridad y Asistencia. Obedecía a un Modelo del que él formaba parte. Debía irse.

—No, loctor. Tú no te vas. Te quedas con nosotros.

—Te podemos dar entre todos lo mismo que te paga el gobierno y hasta un poco más. Dinos cuánto quieres.

—No se trata de dinero. Yo, por mi gusto, me quedaría, estoy muy contento aquí, pero no puedo. El Instituto Politécnico Nacional se ha comprometido a enviar médicos pasantes a que hagan su servicio social en la zona. Vendrá un médico diferente cada año.

Les explicó cómo, al mismo tiempo que se proporciona el servicio a las comunidades, el pasante adquiere una valiosísima experiencia para llevarla luego a otras regiones del país igualmente necesitadas. El servicio no es para una comunidad sino para toda la zona tojolabal.

No entendían.

—Nosotros no queremos a otro. Te queremos a ti. Queremos también a la Carmela.

—Quédate con nosotros. Te vamos a pagar. Te daremos tu terreno y entre todos te hacemos tu casa

—Hemos visto que te gusta la siembra. Vas a tener dónde sembrar. O te sembramos nosotros, si quieres. Puedes criar hasta tu gallina, tu cuchi.

Qué duro. Cómo resistir a aquéllos con los que ha convivido casi un año, a los que ha aprendido a querer, a entender, y que lo quieren y lo creen indispensable para ellos. Alguien que se les ha acercado para hacerles bien sin mostrar otro interés, sin pretender un provecho. Se han compenetrado, el doctor y su esposa son como de su familia, forman parte de la comunidad. ¿Por qué han de irse? Siente las manos, los lazos que quieren retenerlo.

Todas las miradas están fijas en él. Hablan entre ellos, piden la palabra. Intercambian frases con los maestros. Discuten con pasión. Los maestros traducen.

—No te vayas. Vas a estar bien con nosotros. Hasta los que se oponían al principio ya te quieren, están aquí con todos, míralos. Nos has dicho muchas veces que está contento tu corazón.

—¿No dices que te gusta el campo? También eres médico de plantas, las atiendes como a las personas. Te gustan los animales.

—Tenemos un caballo para ti.

—¿Cuánto quieres por quedarte? Veremos si podemos juntar más dinero para darte y que estés contento.

Se agitan en sus lugares, se interrumpen unos a otros. A los maestros les cuesta mantener el orden.

Aumentan la oferta. La presión es más fuerte. Siente vergüenza, dolor de negarse pero no está en su mano cambiar las cosas.

Carmela entra a apoyarlo. Ya se les había dicho con anterioridad, ellos sólo iban a permanecer un año ahí, ésa no es una plaza del doctor sino del Servicio Social. Él tiene compromiso de regresar a la capital, de dejar su lugar a otro.

Un muchacho rebate. Eso no es cierto. Un médico que hizo su servicio social en San Cristóbal se quedó ahí y puso su consultorio.

—Si quieres, te arreglamos mejor la casa de salud, te la hacemos más bonita para que sigas dando ahí la consulta. Puedes poner más letreros, nos gustan, y ya hay niños que saben leer y nos los explican.

—Esta casa no es mía, es del modelo.

El ambiente se tensa.

—¿No nos dijiste que es de nosotros?

—Es de la comunidad, es para atenderlos a ustedes, pero no se puede disponer de ella para un fin particular.

—Te hacemos otra. Nosotros sentimos que tu corazón está contento aquí.

—Tú nos dijiste que eres campesino y que nosotros te parecemos como tu gente de Zacatecas.

Venga explicar de nuevo, defenderse, escurrirse de entre esa red de cariño y reconocimiento. Deben comprender y aceptar. No van a quedarse sin médico, vendrá otro cada año.

Ellos reiteran tenaces, decididos a salirse con la suya.

—Nosotros no queremos a otro. Te queremos a ti.

—Tú nos has ayudado y nos has explicado cosas que no sabíamos y que no entendíamos. Eres el primer loctor que viene aquí. Te quiere nuestro corazón. No nos dejes.

Algo le oprime fuerte la garganta y el pecho.

—Quisiera quedarme pero no puedo.

Lucha contra sus propios sentimientos. Se debate tratando de escapar de la tierna trampa donde quieren atraparlo. Y al mismo tiempo no quisiera escapar. Quiere irse y no quiere irse. Siente remordimientos, no encuentra cómo hacerles entender. El módulo de salud es parte de un plan completo, el Plan Tojolabal. Les habla del propósito de sus maestros, de la Escuela, de la idea del presidente Lázaro Cárdenas.

—Sí, ya nos lo has dicho otras veces, pero eso no nos importa. Queremos que te quedes.

Vuelta a las explicaciones. Los comuneros discutían con los maestros bilingües, con los del comité de salud, con los que hablaban la castilla. Los que estaban sentados en el suelo se levantaban, hablaban y hablaban. Porfiaban tenaces. Lóctori no puede irse, no se irá. No puede dejarnos. Tiene que quedarse. No hay razón para que se vaya.

Algunos silencios molestos pausaban la reunión. Luego uno, otro, retomaban la palabra, se la arrebataban, se interrumpían. Se volvió una batalla de voces como remolinos furiosos. Afloró el resentimiento cuando Carmen intentó de nuevo convencerlos.

—A ti ni te ha de gustar aquí, tú eres de chonab la grande, de la capital.

—Sí me gusta, pero no podemos quedarnos.

La desesperación pone un nudo en la garganta. ¿Por qué no entienden? ¿Por qué no lo dejan ir sin presionarlo de esa forma que lo hace sentirse mal, cada momento más mal? Le enoja que le claven esa aguja. ¿Por qué no respetan su decisión?

Los maestros también se impacientan. Tratan de calmarlos, de poner orden sin éxito. Acaban regañándolos, mandándoles callar. ¿Qué caso tiene insistir?, les reprochan. No quiere quedarse.

El remolino de voces se va apagando. Se sienten el disgusto, el resentimiento, la incomprensión. Están ofendidos, el médico lo sabe. Le angustia pero ¿qué puede hacer?

—No entienden, loctor. Déjelos, ni modo.

Algunos se levantan del piso y todos empiezan a retirarse cabizbajos, tristes, enojados. Dolidos, se expresan con airadas voces.

—¿Qué dicen?

—Que *ái* te quedes en tu casa de salud, que no es de ellos. Que cuando te enojaste porque no te la hacían pronto, te la hicieron. Que por qué te vas, si hicieron todo lo que les dijiste. Hasta un pozo de agua hicieron para ti.

Algo se había roto y los bordes desgarraban con sus aristas. La estancia feliz en la comunidad había llegado a su fin.

—Fueron l'otro día a la jurisdicción de Comitán a preguntar cuánto ganas.

El bilingüe esboza algo que quiere ser una sonrisa.

—Preguntaron si tú ganabas más que los otros porque eres más bueno. Les dijeron que todos ganan igual. Luego se juntaron para hacer cuentas y les dio mucho gusto ver que te lo podían pagar.

—Estaban seguros de convencerte. Te tenían una fiesta de sorpresa. Compraron hartas botellas de posh y galletas de animalitos. Ya tenían los jolotes para la comida y la marimba. Los músicos de La Ilusión ya estaban listos para venir.

De costumbre los muchachos del comité de salud permanecían al terminar las asambleas para hacer comentarios y evaluar la reunión, a veces simplemente para platicar. Les gustaba mucho conversar con el doctor. En esa ocasión se había programado una reunión formal para después de la asamblea; pero los jóvenes también hicieron ademán de retirarse. Murmuraban.

—¿Qué dicen?

—Que ya se van.

—Dile la verdad al loctor, Enrique. También ellos están enojados. Dicen que no se quedan, que ya pa' qué.

El médico y su esposa se dan la vuelta para entrar a la casa de salud. Él va cabizbajo, los puños apretados, los dientes apretados. La punta de su bota golpea unas piedras que salen despedidas con fuerza.

—Pero yo tengo razón. ¿Por qué no entienden?

Carmela guardaba silencio.

Se salió luego a caminar solo. Uno no puede cambiar la realidad. Por otra parte también tiene derecho a realizar sus propios planes. El campo es bello, la vida campirana le gusta, pero ¿encerrarse ahí sin más perspectiva? ¿Tener hijos ahí?

Nadie llega a consulta. Nadie se para por la casa de salud.

La gente le rehuye cuando se cruzan. Los saludaba y le contestaban apenas o no le contestaban. Las mujeres le daban la espalda.

—¡Juan!

El hombre se siguió caminando rápidamente sin contestar

De costumbre le llevaban naranjas, tortillas, huevos, pollo. Carne cuando mataban algún animalito. Los niños llegaban a platicar, a ver fotografías y tarjetas, libros que el doctor traía de la capital. Ahora nadie se acerca. Los alrededores de la casa de salud están silenciosos.

Carmen alcanza a unos niños.

—¿Por qué no han ido a la casa?

No contestan. Uno se encoge de hombros.

—¿Te dijeron que ya no vinieras?

—No, yo por mí solo. No queremos venir porque se van.

—No te vas a quedar los dos.

Acababan de recoger elotes. Frente a las casas había montones. Como nadie les llevaba, el doctor quiso comprar.

—No están buenos todavía.

—Sí están buenos, yo soy campesino y conozco. Véndeme unos.

—No se puede.

Fue a otra de las casas con el mismo resultado. Comprendió que no le querían vender.

Se encontró con uno de los que acudían con más frecuencia a verlo y como hablaba castilla, platicaba mucho con él. Tuvo que alcanzarlo porque se dio la vuelta al verlo.

—¡Pablo! ¿Qué pasa?

El hombre se detuvo pero en vez de mirarlo miraba a la lejanía.

—¿Por qué no has venido?

—Está triste mi corazón porque te vas.

—Bueno, pero todavía queda tiempo. ¿Por qué no vienes como antes?

—No, porque si sigo yendo, se va a poner más triste mi corazón y no va a aguantar.

Silencio tenso, lleno de ansiedad. El médico no sabe qué contestar. Protesta.

—¡Pero ya no viene nadie!

—La comunidad también está triste su corazón. Todos te queríamos pero ya no se puede seguir. Nos dijiste mentiras. Dijiste que te gustaba el campo. Dijiste que nos querías y es mentira. No nos quieres.

Yo jugaba con los niños. Les hacía bromas, les platicaba de historia, de geografía. Andaba con la gente en las milpas, montando a caballo. En sus fiestas entraba a los juegos, a las carreras de caballos. A la carrera de los listones. Ponen arillos de metal como de centímetro y medio de diámetro en una cuerda suspendida entre dos árboles. Hay que llegar a plena carrera y ensartar un lápiz en algún arillo. Cuando el participante lo logra, estallan en risas y gritos acompasados de júbilo, en porras. O la banda de la comunidad toca una ruidosa y desafinada diana. No se la saben bien y a veces se equivocan. Yo les decía "así no va", pero ellos contestaban que sí, que así es. El premio, además de aplausos y dianas, es un listón que obsequia la reina, jovencita descalza vestida con su traje típico.

Una vez ensarté el dedo meñique en vez del lápiz, pero hice el cambio rápido sin que se dieran cuenta. Les causaba mucha alegría que participara. "¡Arriba lóctori!", gritaban.

Me tenían tanta confianza que me llevaban también a los animales para curarlos. Les dije que de eso no entendía, que debían llamar al veterinario. Pero estaba lejos. Les compré libros de veterinaria.

Una vez apareció por la comunidad un perro rabioso. Me llamaron para matarlo, yo tenía una pistola calibre 22. Ellos tienen rifles, pero era un honor darme la preferencia. Le disparé como cuatro o cinco tiros y no se moría, hasta que uno de ellos lo remató de un escopetazo. Hicieron notar que yo sí le había atinado por lo menos tres veces.

—Sí le diste, lóctori, pero los perros rabiosos son duros pa' morir.

No querían que yo quedara mal.

En una ocasión pasó una partida del ejército buscando armas. Les preguntaron que si el doctor tenía alguna y lo negaron. Cuando alguien se integra lo protegen. Son capaces de dar hasta la vida por uno.

Me pedían que los acompañara a la Reforma Agraria. Yo trataba de evitar el paternalismo, de no convertirme en un mandón como algunos curanderos y maestros que se aprovechan de ellos, pero insistían.

—No nos hacen caso.

Y era verdad. Cuando los acompañaba lograban mejor atención. Hubo veces que hasta les hice los oficios en mi pequeña máquina de escribir. Ahora ya nadie viene a buscarme.

Los maestros le contaron al doctor que la comunidad culpaba a Ciro, a Melquiades y a Juan, que al principio se opusieron a su presencia y lo habían hostilizado de cierto modo. Les echaron la culpa de que no quisiera quedarse y ellos estaban muy arrepentidos.

No pudo más. Adelantó la ida a Comitán y telefoneó a su escuela, al jefe del Departamento de Enseñanza.

—Estamos tratando de erradicar el paternalismo y tú quieres reproducir ahí la tutela de los curanderos y los antropólogos que viven de las comunidades. Esto es un plan integral y nosotros sólo atendemos la parte de la salud. Te regresas. Ya está listo el sustituto. Es una doctora y llegamos con ella dentro de diez días para la visita de reconocimiento.

Se llamaba así a la visita previa del pasante acompañado de los maestros para conocer el lugar y ser presentado de antemano. Después regresaba al empalme, (entrega por el pasante anterior) y a quedarse.

—Ya te tengo tu plaza de medio tiempo y a mí no me vas a hacer quedar mal. Vas a tener el orgullo de ser catedrático de la Escuela Superior de Medicina del Politécnico. Vas a ser el coordinador de campo en el Internado Rotatorio de Pregrado en San Pedro Xalpa y supervisor de los modelos rurales, el Plan Maya, el Plan Tojolabal y el Plan de la Selva. Y esto que se tome como leída de cartilla y dime si no aceptas y aquí la cortamos, pero de todos modos no te quedas. O qué, ¿ya encontraste tu *modus vivendi*?

Algunos pasantes maniobraban para sacar algo de dinero, ninguna gran cosa. El doctor se sintió tocado por una sospecha que se le antojaba vil.

—No, es que ellos me lo están pidiendo. Me lo pide la comunidad, no quieren dejarme ir.

—Pues no te quedas y de mi cuenta corre. Y prepara ya la asamblea para presentar a la doctora.

Entre la espada y la pared. Quieres quedarte y no se puede, tienes que irte y quedas mal. Muy mal. La amargura aprieta la garganta.

Fue horrible ese mes. A veces quería llorar. Sólo la represión que se sufre desde niño se lo impedía. "Los hombres no lloran". Acabó ansiando huir de ahí, que el mes se acabara ya. Los días se alargaban como nunca.

Caminaba por el campo mirando el bosque, la montaña. Pronto los perdería de vista. ¿Había valido la pena llegar ahí, trabajar, convivir con la gente para luego terminar así?

Mi paraíso se había terminado. Un recuerdo... todo se volvería un recuerdo.

Los maestros propusieron hacerle una fiesta de despedida pero la comunidad se negó.

El doctor habló con el comisariado y los maestros para que citaran a reunión con motivo de la llegada de la doctora y los dos maestros del Poli que venían con ella.

Las asambleas de la 20 de Noviembre, de costumbre, reunían por lo menos a unas doscientas personas. Esa vez no se presentaron más que el comisariado, los maestros y los muchachos del comité de salud. Los médicos recién llegados estaban muy molestos

—¿Qué pasa? ¿No se les avisó?

—Sí se les avisó.

Yo sabía la razón, pero no me habían querido creer a pesar de la conversación telefónica con el coordinador general del Modelo. Había un ambiente de suspicacia por parte de los visitantes.

—Déjanos quedarnos solos con ellos, —le indicaron al doctor.

Hablaron largamente a través de los intérpretes. Se enteraron del resentimiento de la comunidad.

—Dice el loctor que él sí quiere quedarse pero que ustedes no lo dejan.

—¿Por qué no me creyeron?, —les reclamó después el doctor a sus colegas—. Se los dije. Pero no sé qué se figuran de uno.

—Bueno, ni modo. Ya entenderán. Regresamos dentro de diez días para que la doctora se quede.

El doctor y su esposa se fueron cinco de esos diez días a Comitán. El ambiente en la comunidad les resultaba oprimente.

Entre tanto, los comuneros se reunieron. Los maestros les explicaron.

—Él quiere quedarse pero el kepe (jefe) no lo deja.

Se citó a asamblea para el empalme, o sea la presentación oficial e inicio de estancia del sustituto. La doctora llegó acompañada por un coordinador del Poli y otro de Comitán. De nuevo sólo llegaron los maestros, el comisariado, el comité de salud y unos cuantos campesinos. Ante tan desairada concurrencia se hizo la presentación. Nadie aplaudió.

Había que cerrar con la despedida. El doctor les explicó, él ya les había hablado a sus jefes de la solicitud de la comunidad de que se quedara; había pedido permiso a los doctores de México de establecerse en la 20 de Noviembre pero no se lo permitieron.

—Desde mi llegada les advertí que nada más estaría un año. El doctor Francisco Uriarte también se los dijo. Y ya que están aquí representantes del Instituto Politécnico Nacional, aprovecho para preguntarles delante de ustedes si puedo quedarme. Que ellos lo digan. Si lo autorizan, me quedo.

Se armó un revuelo. Las voces se entrecruzaban, subían.

Los doctores de México explicaron que no era posible, que ya ellos habían hablado con las autoridades (no era cierto, fue excusa de momento) y no daban el permiso. Así había sido con los otros médicos que habían llegado antes a la zona y así sería con los siguientes.

Expresiones y ademanes de decepción acogieron sus palabras. Un "uuuuh" onduló, desaprobatorio.

El doctor retomó la palabra.

—La comunidad pensaba que no quería quedarme pero ya vieron que no es cosa mía sino de las autoridades de México.

Les habló de lo mucho aprendido de ellos. Lo informaría a los otros pasantes que vinieran en servicio y así llegarían mejor preparados.

Carmen también les dirigió unas palabras. Que también ella había aprendido mucho y aunque al principio no había sido aceptada, después sí la quisieron. Estaba triste por dejar la comunidad.

—Apoyen a sus mujeres. Que las mujeres participen.

Voces de protesta. Uuuuuh, no.

El doctor cerró expresando su sentimiento por la partida inminente, habló de lo feliz que había sido con ellos y su pena por no poder quedarse.

Todos lloraron... yo también.

La neblina tardó más que los otros días en levantar. ¿O era la humedad de mis ojos? El Datsun recorría las pronunciadas curvas y bajadas de la carretera mientras resonaban en mi corazón las últimas palabras.

—*Wajtik* (adiós a todos).

Chepe y el "poco"

—Esto le va a servir.

En los caminos de piedras, entre el lodazal de las lluvias continuas, una luz de amistad te apoya, te guía. Me recordarás. Recordarás al loctor que llegó a la comunidad lleno de deseos de servir. Recordarás la amistad que nos unió.

Chepe, cómo agradecer tu afecto; esa admiración conque me rodean en tu casa; los ojitos oscuros, huidizos de Catarina y de Matilde que poco a poco aprendieron a mirarme sin temor. Las sonrisas tiernas de sus caras morenas. Qué me importa si meten los dedos a la comida para sacar moscas y cucarachas despistadas; qué me importa el agua contaminada. Lo tomo todo en tu casa, en esa choza pequeñita de piso de tierra y paredes de tablas donde el fogón siempre encendido es calor de hogar, pero tú y tu mujer y tus dos hijos son el calorcillo más grato.

Fue tu casa la primera de la comunidad a la que tocó dar de comer al joven médico, entonces todavía solo, que llegaba a hacer ahí su servicio social. Las familias se turnaban para atenderme; pero esa casita me atraía con especial influjo. Braúlio, el hijo soltero, me recibió desde el primer momento con gran cordialidad, la sonrisa espontánea y la simpatía en sus ojos, uno de ellos estrábico de nacimiento.

—Nos vas a olvidar.

—No los voy a olvidar nunca. Volveré lo más pronto que pueda. Volveré cuando tenga hijos, dos o tres y se los traeré a enseñar. Quiero que los conozcan.

A veces, cuando yo llegaba, sólo estaba la Catarina. Nos entendíamos con palabras aisladas, las pocas que ella sabía en *castilla* y las todavía menos que yo sabía en tojolabal, ademanes y expresiones. Cuánto puede decirse con las manos, con los ojos, con el gesto; sobre todo con el deseo de comunicarse. Si Chepe estaba, se dirigía a él para que me tradujera, o a Matilde, su hija adolescente que había aprendido algo de castellano en la escuela de Margaritas.

Me oyeron cantar cuando andaba por el monte, cuando iba a caballo, cuando hacía labores de carpintería. Me pedían que les cantara las canciones de mi tierra. Cantaba y se reían mucho, hasta las lágrimas. Yo sabía que no era burla, que era asombro, felicidad ante algo que se les antojaba insólito.

Me recibían siempre con expresiones de contento. El Braúlio era muy cordial.

—¿Vienes a ver a tu papá?

—Sí, vengo a ver a tu papá.

En la casa revoloteaba un ángel moreno que traía flores de monte, ramas de pino que aromaban la choza. Matilde era un rayito de luz.

La vida bullía en el jarro hirviente de frijoles sobre el fogón, en las gallinas que entraban y salían y cloqueaban alrededor de la vivienda; o las que estaban empollando en una esquina de la choza que era recámara, sala, comedor, cocina y bodega; en el ajetreo de las mujeres y del hijo. Cuántas veces la conversación con el Chepe se alargó hasta que oscurecía.

Desde que me aceptara, el Ricuerdo salía siempre a recibirme. A veces entraba a la choza mientras conversábamos y se echaba al lado mío recargando su cabeza en mis botas.

Cuando llevé a mi esposa siguió la amistad, siguieron las atenciones. Nos llevaban a regalar elotes, anonas,

naranjas. Nos invitaban a comer. Nosotros queríamos co-
rresponder.

—Chepe, ¿qué quieres que te traiga de Comitán?

Nunca querían decir. Por iniciativa nuestra les llevábamos galletas, dulces, latas de comida. Una vez insté a las dos
mujeres a probar atún enlatado. Lo encontraron horrible.

—Bueno, si tú no quieres nada, deja que Matilde pida
algo. Matilde, ¿qué quieres que te traiga?

Discutieron en tojolabal. Chepe se negó casi indignado.

—Deja que me pida lo que quiera. Para mí es un
gusto hacerle un regalo.

—No, loctor.

—Por favor, tradúceme. Dime qué quiere.

—No, es muy caro.

Tras mucha presión y todavía resistiéndose, logré que
me transmitiera el deseo de la jovencita. Quería un listón
morado de los que se ponen en las fiestas.

¡Un listón morado! Con mucho gusto la complacimos.

Fue una gran alegría para ella. Estaba tan feliz con el
listón... se hizo sus moños y los cuidaba mucho. Le llevamos también a regalar unas peinetas y las lucía en las fiestas con orgullo. Toda la comunidad sabía que eran regalo
del loctor.

Compré en Comitán una lámpara de mano de tres
pilas para que tuviera mayor potencia. Sería mi postrer
obsequio antes de la partida.

Chepe lo agradeció como si hubiera sido una alhaja
muy valiosa. Sus ojos se humedecieron. Estaba triste su
corazón porque nos íbamos. Fueron los únicos de los que
nos despedimos en su casa antes de salir para la capital, al
término del año de servicio.

—¡Chepe!

Volvió un año y medio después con una alegría
inmensa. Les llevaba un corte de ocho metros de manta
para que los cuatro de familia se hicieran ropa.

Llegó corriendo, dando voces. Ya los veía aparecer e
ir felices a su encuentro.

—¡Chepe!

Ellos conocían su voz fuerte de ranchero norteño. Al

que vio salir y encaminarse hacia la huerta fue al hijo. Tuvo la impresión de que lo había visto pero le dio la espalda y se alejó a paso rápido.

—¡Braúlio! ¡Braúlio!

Extrañeza. Desconcierto. A esa distancia tendría que haberlo oído. ¿Por qué se alejaba sin voltear la cara? El pensamiento es rápido. ¿Algún accidente y se había quedado sordo?

La puerta de la choza estaba cerrada.

—¡Chepe! Soy yo, vengo a verte. Les traigo un regalo.

Golpeó con el puño. Había alguien adentro pero no contestaba. ¿Por qué? Insistió hasta que oyó la voz del hombre. No tenía el acento entusiasta que esperaba.

—Quita el mecate. Pasa.

Estaba acostado. Su aspecto era muy diferente al de antes. Adelgazado, canoso, envejecido; disminuido como por fuerte daño físico y moral. Algo grave le ocurría.

—¡Pero levántate! Dame un abrazo.

—No me puedo parar.

—¿Qué tienes en la mano? ¿No la puedes mover?

Sacudió la cabeza en sentido negativo.

—¿Por qué? ¿Qué te pasó?

No contestó nada, cabizbajo.

Empezó a llorar. El médico también. Estaba claro que el hombre padecía las consecuencias de un accidente vascular cerebral con secuelas de hemiplejía; pero no le quería decir nada. Casi no contestaba, la mirada baja, el aspecto de profunda depresión y tristeza.

—Oye, ¿qué le pasa al Braúlio? Le grité y no volteó. Se fue sin hablarme.

—`Tá bravo.

—¿Por qué?

—Pos `tá bravo.

El médico no encontraba explicación. ¿Por qué estaba enojado Braúlio y Chepe no quería decirle?

Algo extraño ocurría. La casa no era la misma de antes. Se notaba un gran abandono. Estaba todo desaseado, hasta maloliente. Faltaban las flores. Extrañamente no había ni siquiera fogón encendido, ni gallinas. Ni aun el cántaro con agua.

—¿Y la Matilde?

—Se casó y se fue a vivir lejos.

¿Sería por eso?

—¿Y la Catarina?

—`Tá pa` la leña.

Faltaba alguien más: el que acudía corriendo a su encuentro, loco de alegría, cuando apenas aparecía por la comunidad.

—¿Y el Ricuerdo?

—Se murió de tristeza desde que me vio así. Nomás se echó y ya no quiso comer.

¿La enfermedad de Chepe y la ausencia de la hija explicaban toda la situación? Percibía otra cosa, algo muy malo.

—¿Fuiste al hospital?

—No. Nunca más. Ya no queremos ver lóctores, ya no queremos hospital. Así fue lo que me pasó.

—Pero ¿qué te pasó?

—El "poco".

Entendió.

—¿El foco? ¿Cuál foco?

—El regalo tuyo. Dijo el curandero de Piedra Huixtla que por eso se me secó la mano.

¡La lámpara de mano! Se quedó sin respiración. Así que le achacaban el daño. Así que por eso estaba enojado el muchacho. No era posible que se le imputara tamaña maldad.

—¡Pero Chepe! ¿Cómo crees que yo...? ¿Cómo crees que yo iba a hacerte eso?

Trató de explicar apresurado, alterado. Una lámpara no puede causar ninguna enfermedad.

—Es que tú lo deseaste.

—¡Lo que tuviste se llama accidente vascular cerebral! Embolia. Eso es raro aquí, en las ciudades ocurre con más frecuencia.

Le explicó en los términos que encontró más comprensibles lo que sucedía en esos casos, pero sobre todo que una lámpara no ocasiona daño alguno.

—Mucha gente de aquí de la comunidad usa lámparas y no les pasa nada.

—Sí pero ésta es más fuerte.

Tener una pila más resultaba prueba.

La ira contra el perverso curandero. Si lo hubiera tenido delante habría reaccionado con violencia.

Le explicó a Chepe las razones del individuo para acusarlo; que están celosos del médico, que lo ven como a un competidor; que se les acaba su dominio sobre la comunidad.

No veía que acabara de convencerlo. El sentimiento de impotencia. ¿Cómo librarse de esa culpa atroz que se le atribuía?

—Pero ¿yo iba a causarte daño, a desear que sufrieras? ¿Por qué, por qué?

—Eso dicen la Catarina y la Matilde. Ellas no lo creen. El único que lo cree es el Braúlio porque platica con el curandero. Quería decirlo a la comunidad pero ellas no lo dejaron.

—Voy ahora mismo a buscar a tu hijo.

—Ni vayas, no se convence.

Salió a la huerta. Braúlio cortaba calabazas.

—¿Te ayudo?

—No.

Estaba transformado, desconocido. Sus ojos miraban torcidos, con odio. El estrabismo se le había acentuado de forma notable.

—'Stá malo tu papá. Tu papá José.

Toda la alegría, todo el gusto se convertían en angustia.

—¿Por qué le hiciste eso a tu papá?

—¡Braúlio, yo no lo hice, no lo hice! ¿Cómo crees entonces que vendría a verlos?

Intentó ablandarlo.

—Les traigo una manta de regalo.

—Llévatela. No la queremos. Eso nos va a matar a todos.

—De todas formas la voy a dejar.

—Si la dejas, la quemamos. No queremos nada de ti.

Regresó con Chepe. El dolor era tan grande como cuando se murió su padre. Hubiera querido regresar el tiempo, no haberle regalado la lámpara; que Chepe no se hubiera enfermado, que todo eso no hubiera sucedido.

Maldito curandero. Los puños cerrados querían golpear, destrozar. La ira impotente desgarra con sus zarpazos.

—¿Qué le pasa al Braúlio? ¿Por qué se le ve tan mal su ojo?

—Así se le hace cuando se pone bravo.

La depresión, el abandono, no eran sólo por la enfermedad sino por la pena de que el loctor le hubiera causado un daño tan grande.

—Voy a esperar a la Catarina.

—No la esperes. No te quiere ver.

—¿Dónde vive Matilde? Quiero ir a visitarla.

—Ni vayas, no te va a recibir.

El médico lloraba. Chepe lloraba.

—Dime la verdad, loctor.

—José, no es cierto. No es cierto.

Los sollozos escapaban sin rubor.

—Descansa mi corazón. Pensé que nunca te iba a volver a ver. Que por algo no te habías querido quedar. Y como no habías venido en tanto tiempo... Estuviste en Bajucub y no viniste para acá.

Por cuestiones del modelo de salud había estado en la región y no le había dado tiempo de pasar a la 20 de Noviembre. Ahí todo es noticia y la llegada de médicos de México se sabe en seguida.

—Yo no lo quería creer. Pero una de las cosas que me decían era que por qué no quisiste nunca ser cumparé, pues.

Cuando los indígenas llevaban a bautizar a sus hijos y nietos a alguna comunidad cercana a donde llegaba el cura, siempre lo invitaban a ser padrino. Por rechazo a la religión nunca aceptó. Inventó como pretexto que estaba estudiando otras religiones. Ahora hasta eso había pesado en su contra.

—Me duele más que digan que tú me hiciste el daño que lo que me ha pasado.

Ya no quedaban argumentos para defenderse. Braúlio regresó y lo vio llorando. Un poco se ablandó pero no se convenció del todo. Accedió a que dejara la manta sin que su desconfianza acabara de desvanecerse.

El médico lloró también durante el camino de regreso.

Como coordinador asesor visitaba periódicamente la comunidades. Volvió un año después a la 20 de Noviembre y antes de la reunión dijo que iba a verlos.

—Ni vayas, no están, —le dijo el comisariado—. Se fueron a vivir a otro lado.

De todas formas acudió después de la asamblea llevado por un sentimiento de nostalgia y ansiedad.

La choza estaba abandonada, vacía, desolada, como su corazón.

Algunos participantes notables

El doctor Marco Antonio Vázquez Lugo fue pasante también de la 20 de Noviembre. Le tocó atender varias comunidades. A veces le prestaban caballos y acompañantes para ir a donde daba consultas y pláticas a los comités. Otras veces se iba caminando más de seis horas cargando mochilas pesadas.

En una de esas ocasiones, para aliviar el cansancio, el doctor Vázquez se desvistió y se echó a la laguna de El Vergel. Se había adelantado a su acompañante. De pronto éste escuchó gritos y corrió, pero ya sólo encontró sus ropas en la orilla. Fue a dar aviso a la comunidad y lo estuvieron buscando mucho tiempo sin dar con él.

Lo hallaron horas después en otro lado de la laguna, muy distante del sitio donde se había metido. Tuvieron que engancharlo para sacarlo. Quizá le dio un calambre o se enredó con vegetación acuática o con ramas arrastradas por el agua. Fue una pérdida muy sensible porque era magnífico estudiante y médico muy dedicado y abnegado. Se le hicieron reconocimientos postmórtem y se ponía como ejemplo a los nuevos pasantes por su entusiasmo y entrega al modelo. Se colocó una cruz en el sitio del accidente.

Era huérfano. Un tío suyo, maestro de Ciencias

Biológicas del IPN, lo crió y le dio carrera. Como era soltero y no tenía más familia, el joven médico era como su hijo y su muerte fue una gran tragedia para él. Temió siempre que lo hubieran matado.

Compañeros del joven médico fundaron después un comité de solidaridad con El Salvador y le pusieron su nombre: "Doctor Antonio Vázquez Lugo".

Ernesto González De la Torre era un médico internista que dedicó su vida a la medicina social y a la organización de las comunidades en la zona tojolabal y de la selva. Lo invitaban a trabajar en Puebla y en el Distrito Federal y no quiso, se quedó en el Hospital General de Comitán, entonces bajo la dirección del doctor Gómez Alfaro. Llevaba la supervisión-coordinación del Plan Tojolabal y del Plan de La Selva por parte de la Secretaría de Salud. Era muy querido en las comunidades y por los pasantes y enfermeras, conocido y apreciado por autoridades de las escuelas de medicina y enfermería.

Estaba casado y tenía dos hijos. Tuvo muchas dificultades con su mujer que le reclamaba por su absoluta dedicación al trabajo. Cuando se vio forzado a escoger entre el servicio médico social y su familia, prefirió al primero. La señora y los hijos se fueron y él se quedó en el estado de Chiapas.

Formó una cooperativa de trabajadores de la salud apoyada por proyectos internacionales para dar servicios de salud y organizar a las comunidades. Hasta renunció a su puesto en el hospital para entregarse por completo al trabajo en las comunidades. Hizo investigación sobre nutrición y rehabilitación de niños desnutridos. Se metió también en el proceso de producción. Solicitó agrónomos para impartir cursos de diversificación de cultivos que originaron la formación de comisiones agrícolas en las comunidades.

En el hospital, apoyado por el director, doctor Gómez Alfaro, hizo un gran trabajo. Suplía la falta de recursos con sobra de voluntad. Internaba pacientes hasta en pasillos y no ponía objeciones para atender a guatemaltecos sin importar si se trataba de guerrilleros. Logró una gran participación del personal de salud bajo sus órdenes y aumentó enormemente la productividad del hospital. La Secretaría de Salud hizo una evaluación de ésta y el resultado fue de más de un 200 por ciento de productividad sobre los parámetros establecidos. El nosocomio de Comitán se hizo conocido internacionalmente.

Los comitecos ricos comenzaron a protestar porque el hospital se volvió de atención a indios. El doctor González de la Torre les daba la absoluta preferencia a los nativos al grado de negar consulta a comitecos adinerados.

En una ocasión una autoridad del estado intentó cambiarlo por quejas al respecto. Al conocerse el intento, se produjo una gran concentración de comunidades para exigir que no lo movieran. Los comisariados y comités de salud acudieron a Comitán a apoyarlo y lograron que se quedara.

González de la Torre entregó su vida al trabajo asistencial y político. Falleció de infarto cuando tenía alrededor de 52 años. La gente lo recuerda con mucho cariño. Vaya un merecido reconocimiento para ese gran médico, gran hombre, gran amigo.

El doctor Gómez Alfaro también hizo un trabajo magnífico en el Hospital de Comitán. Su respaldo hizo posible la labor de González de la Torre. Se preocupaba mucho por el personal del nosocomio. Apoyaba a las enfermeras, que ganaban una miseria. Pagaba la renta de la casa donde se albergaban y les facilitaba muebles. Les permitía comer en el hospital aunque no estuvieran de guardia. Tanto a enfermeras como a pasantes les proporcionaba alimentos y transporte para que fueran a las comunidades.

Gómez Alfaro fue el que introdujo la vacunación en las comunidades de la selva y fue quien dio cariz de hospital con proyección a la comunidad al nosocomio de Comitán.

A este médico ejemplar lo corrieron de la Secretaría de Salud por quejas de ricos comitecos. Se fue a trabajar como cirujano al hospital de Altamirano, también en Chiapas, atendido por monjas belgas, suizas, francesas y de otras nacionalidades, y que fue sitiado y amenazado de quema por lugareños ricos al principio del conflicto armado que se iniciara en enero de 1994. Causa de los ataques fue que ahí se atendiera a heridos en combate sin hacer distingos entre campesinos, civiles, rebeldes o soldados.

Entre la gente notable que participó en la zona, hubo médicos extranjeros; algunos chilenos y uruguayos con estudios en México que hicieron allá su servicio social y otros que venían de países como España, Francia, Suiza, Bélgica, Alemania, que trabajaron de forma ejemplar, algunos hasta sin sueldo.

Un muchacho vasco médico que había participado en brigadas de médicos internacionalistas en Nicaragua, llegó ahí como voluntario. Muchos de los médicos mexicanos le tuvieron desconfianza por el prejuicio antiespañol. Temían que fuera de la CIA. Su integración al trabajo, su abnegada dedicación, su solidaridad, lograron admiración y afecto de todos, principalmente de las comunidades de la selva. A quince años de distancia seguimos recordándolo con gran afecto.

Conocimos allá a una joven médica originaria también del País Vasco. Llegó a dar servicio voluntario y aprendió tojolabal más pronto y mejor que nosotros. Llamaba la atención y hasta chocaba a veces por el habla fuerte y golpeada, el modo directo característico de los españoles.

—Tardé en darme cuenta de que los mexicanos en general y no sólo los indios, son muy susceptibles y se sienten heridos con facilidad, —nos comentó—. Nosotros resultamos demasiado bruscos. Una enfermera, Maricruz, mi mejor amiga, me dejó de hablar tres meses porque nos acaloramos en una discusión y como ninguna de las dos cedía, le lancé un "vete a la mierda". Me sirvió la experiencia. Aprendí de los indios, aprendí de las enfermeras, que me enfrentaba a otra cultura, que debía bajar el tono y no ser tan directa.

Nos hacía mucha gracia y nos reíamos mucho porque insistía con voz alta y dejo cortante e incisivo:

—Ahora hablo bajito, con suavidad.

Se integró tanto con el grupo que se casó con uno de

los médicos pasantes. Viven un tiempo aquí y otro en España. Tienen tres hijitos.

En el Hospital General de Comitán hubo muchas enfermeras voluntarias belgas, suizas, francesas. Pero después que llegaron los refugiados, los voluntarios extranjeros no se redujeron al área de salud; también participaron en otros aspectos, como un maestro francés y los agrónomos franceses de INAREMAC junto con Andrés Auri, de esa misma nacionalidad, que se quedó a vivir y a trabajar en Chiapas de manera definitiva.

Para todos ellos mis respetos y mi gratitud por su solidaridad y trabajo en favor de los indígenas mexicanos y guatemaltecos.

El Plan Tojolabal

Como se relata al principio del libro, el envío de médicos pasantes a la zona tojolabal fue idea de médicos maestros del IPN ante la solicitud de religiosos de La Castalia. Se pensó que jóvenes médicos recién egresados, ya como pasantes, podían aplicar en las comunidades tojolabales la experiencia del bimestre de medicina comunitaria que llevaban a cabo en la comunidad semiurbana de San Pedro Xalpa, en el Distrito Federal.

Iniciado como ensayo, dio origen al modelo que se implantó en la zona tojolabal de Chiapas. Desde finales del segundo año se le empezó a llamar Plan Tojolabal. De ahí se derivaron el Plan de La Selva, también en Chiapas, y el Plan Maya en Chiquintzonot, Yucatán. De acuerdo a la idea original ampliamente desarrollada en la práctica de más de dieciséis años, el modelo llevó a las zonas donde se aplicaba servicios médicos y adelantos que no se limitaron a la medicina curativa, sino que, al contemplar dentro de la labor investigación y prevención de la enfermedad desde el terreno social, incluyeron educación, higiene, vivienda, servicios de comunidad, proyectos de producción agrícola y otros.

El trabajo alcanzó muchos logros y avances; también, sin lugar a dudas, se cometieron muchos errores y surgieron múltiples problemas. De éstos el principal fue falta de comprensión por parte de algunas autoridades. Había que trabajar mucho por parte de los que estábamos empeñados en continuar los modelos para convencerlas de la importancia del trabajo. Nos fletábamos tiempo excesivo sin sueldo y muchas veces poníamos de nuestros recursos para acudir a las supervisiones. A San Pedro Xalpa íbamos hasta sábados y domingos.

Otro de los problemas era la preparación de pasantes que accedían a hacer su servicio social de un año en la zona tojolabal. No siempre llenaban condiciones para realizar de manera óptima el trabajo. Sin embargo se avanzó en todas las etapas, en todos los lugares donde se aplicó y en diferentes procesos, desde selección, preparación, formación, diagnóstico, planeación, coordinación, asesoría, evaluación, supervisión, relación con las comunidades.

Parte básica del modelo fue desechar hasta donde fue posible el paternalismo, mentalidad común entre muchos de los que intentan resolver los graves problemas de las etnias. Como se había establecido en la práctica en San Pedro Xalpa, la idea, por lo menos de aquéllos con mayor claridad política y social, era que las comunidades aprendieran a organizarse y a resolver por sí mismas sus necesidades.

De ahí la organización de comités formados por los propios campesinos electos entre ellos mismos. De ahí el que la casa de salud fuera construida por ellos y con materiales de la zona. De ahí el respeto a sus costumbres y la labor paciente para vencer poco a poco resistencias y prejuicios; la consigna de atraer a curanderos y brujos e incorporarlos a los programas; tomar acuerdos y consensos en asamblea; explicar, abrir opciones de discusión, escuchar, intentar en todo momento convencer, no imponer.

El desarrollo del Modelo tuvo repercusiones a nivel nacional. De la Universidad Autónoma de Guerrero vino el doctor (N) Pantoja que estuvo cuatro meses en San Pedro Xalpa con el objeto de conocer este Modelo para reproducirlo en ese estado. De la Universidad Nacional Autónoma de México nos enviaron al doctor (N) Campuzano también a visitar San Pedro para el Plan A-36, o sea que esto alimentó planes y programas de otras escuelas.

Del Hospital Universitario de Puebla acudió el doctor Carlos López Reyes a solicitar la experiencia del Plan Tojolabal. En Oaxaca, a través de la Universidad Autónoma "Benito Juárez", también se reprodujo en comunidades de la Sierra Juárez, en la costa del Pacífico y en el istmo de Tehuantepec. Nosotros tratamos de reproducirla en Chiquitzonot, Yucatán. Ahí sólo acudieron tres o cuatro generaciones de pasantes.

A nuestra vez aprendimos de las diferentes experiencias de otras instituciones en los congresos a los que acudíamos. No nos sentíamos dueños únicos del saber, al contrario, teníamos hambre de conocimientos, de información que pudiera sernos útil para que aquello avanzara mejor y más rápidamente.

Como se ha expuesto, la tarea no fue fácil ni para pasantes ni para coordinadores del modelo ni para habitantes de las comunidades. Difícil en especial lo fue para los que trabajaron en la zona tojolabal por ser ésta la más aislada y marginada, la menos penetrada y estudiada en aquel entonces.

La mayoría de los jóvenes pasantes que elegían hacer su servicio social en los planes, por ser voluntarios, llevaban una idea de verdadera solidaridad con esos compatriotas olvidados; y aunque hubo quienes no soportaban o soportaban mal las pésimas condiciones en que se realizaba el trabajo, fueron muchos los que quedaron marcados para siempre por su paso por las comunidades y sufrieron un cambio drástico en su actitud personal y política.

Fue inevitable, además, que pasantes y comunidades se vieran envueltos en la problemática de los refugiados guatemaltecos, no sólo por afinidad con habitantes de la zona y solidaridad natural de los campesinos con los de su clase, sino porque aun en tierra mexicana, los chapines seguían siendo objeto de persecución. Las incursiones de *kaibiles* buscando dirigentes no eran raras, así como ataques a campamentos de refugiados.

Éstos tenían sus propias formas de organización,

pero recibieron también apoyo de los habitantes de la zona. Los campesinos chiapanecos les ayudaron en todo lo que pudieron. Pasantes y promotores de salud de las comunidades les brindaron atención médica, los censaron y pidieron medicinas y vacunas al gobierno mexicano. Fue cuando llegó ACNUR.

Aunque no hay duda de que los planes Tojolabal y los de La Selva y Maya llevaron beneficios a las comunidades, considero que tanto o más beneficiados fuimos los pasantes. Una experiencia como ésa no tiene precio. Lo que aprendimos ahí en un año de servicio no se aprende ni en la mejor universidad. Yo valoro el año que pasé en la 20 de Noviembre como un avance de diez o más años para mi formación personal y profesional.

No todos los que fueron resistían esfuerzos y sacrificios que significaba permanecer un año en una comunidad indígena como las de Chiapas y hasta hubo quien regresó sin completar el tiempo de servicio. Por fortuna éstos fueron poquísimos; la gran mayoría cumplió hasta el final. En los años que duró la experiencia, participamos cerca de 300 personas entre enfermeras y médicos.

Algunos cuestionaron esa práctica; de qué sirvió, para qué se hizo. Yo creo que sirvió de mucho, que fue valiosísima, y que este modelo se debería estudiar, hacer un análisis y una propuesta completa y volver a echarlo a andar no nada más en la ESM con sus antecedentes rurales sino en todo el país adecuándolo a las diferentes regiones. Se demostró su metodología, se comprobó que tomando en cuenta a la población y a través de planificación previa, de docencia —servicio— investigación y participación en equipos inter y multidisciplinarios, con una continuidad, así como con participación inter y multiinstitucional, no tan sólo se dejan de duplicar acciones, sino que se optimizan recursos y se registran grandes avances que favorecen a la población y a las instituciones.

Lenin

Era la segunda ocasión en que el médico volvía a la 20 de Noviembre, ya como asesor coordinador del Plan Tojolabal, tres años después de haber terminado ahí su servicio social.

Iba a hacerse una asamblea para evaluar el trabajo de los pasantes de ésa y otras dos comunidades. Ya para entonces se hacía a principio de año un programa general de supervisiones y el programa y actividades que iban a desarrollar los pasantes.

Antes de la asamblea fue a visitar la casa de salud. Estaba igual que cuando él la hizo, con los letreros pintados por sus manos. Llegaron ahí a verlo dos viejos conocidos, Roselia y su esposo. No los había visto la ocasión anterior en que visitara la comunidad porque ya no residían en ella. Se habían cambiado a Candelaria, un nuevo centro de población. Habían acudido con objeto de visitar a los padres de ambos, cuando se enteraron de que el loctor se encontraba ahí.

—¿Vienen a consulta?

—No, venimos a saludarte y a que conozcas al niño.

Él ya hablaba algo de *castilla* por las veces que salía de la zona a trabajar. Le traducía a ella.

—La Roselia quiso que tú vieras al niño y que él te conociera a ti. Ya le platicamos.

—¡Lenin!

Un pequeño de tres años salió de atrás de una casa cercana y corrió a abrazársele de las piernas al doctor en un gesto insólito dentro de la timidez habitual de los niños tojolabales. Para la criatura él era un perfecto desconocido; sus padres tenían que haberle hablado del médico que había atendido su nacimiento, durante el cual se llegó a temer por su vida y la de su madre.

Emocionado, lo alzó en brazos y estrechó el cuerpecito. Esa pequeña vida era fruto de su llegada a la comunidad, de la idea de quienes buscaban el rescate de grupos marginados, de los más ofendidos, de los discriminados.

Cuántos Lenin vivían gracias a la iniciativa de mandar médicos a la zona; cuántos habían recuperado la salud, cuántos habían escapado de la muerte por la vacunación oportuna.

—¡Lenin!

Cuando le pregunten sus hijos, sus nietos, por qué se llama así, les hablará del joven pasante que llegó a la comunidad con el afán de servir a los tojolabales, y al que debía su arribo feliz a este mundo.

—También él se acordará de mi nombre.

No fue la única visita. Muchos niños y jóvenes que recordaban haber sido curados por él de la sarna; haber sido vacunados por sus manos; Jacinto, a quien salvara de morir de una hemorragia; Ciro, al que sanara del dolor de muelas; Atanasio, arrancado de la muerte por tuberculosis y otros que habían recuperado la salud gracias a él, llegaron a verlo.

Cuántas manos se tienden afectuosas; cuántas sonrisas, cuántas miradas de admiración y afecto. Quisiera estrecharlos a todos, confundirme con todos en un abrazo. No saben que yo me siento más agradecido a ellos, infinitamente agradecido por haber tenido la maravillosa oportunidad de convivir con ellos, de adquirir a su lado la mejor experiencia de mi carrera médica y la mejor experiencia humana. Después de la asamblea me hicieron una comida especial.

Los años han pasado. Si ellos no me olvidan, menos puedo olvidar yo mi año de paraíso. ¿Por qué, cuando se rememoran tiempos como ése las lágrimas acuden a los ojos?

Se abandonó la obra; pero la semilla que entre muchos sembramos ha fructificado para ellos y para nosotros. Todos recogimos los frutos. Religiosos, médicos, enfermeras, maestros, antropólogos, ingenieros, agrónomos... los que llegamos con la idea de dar lo mejor. de nosotros mismos sin interés ninguno, recibimos el pago inesperado de infinitos dones. Y contribuimos a abonar el terreno para que ellos decidieran dejar de ser los condenados de la tierra.

Adentro de nosotros quedó la semilla de luz que ellos nos dieron a cambio.

Lluvia, niebla, viento...

En 1990, la doctora Elsa Calette Jácome, encargada de los estudiantes del bimestre de comunidad en San Pedro Xalpa, formó una brigada con seis jóvenes médicas escogidas de entre los que acababan de terminar el Internado Rotatorio de Pregrado, para ir a visitar la zona tojolabal. El doctor Miguel Cruz Ruiz, jefe del departamento de Medicina Comunitaria, le había recomendado que les platicara a los estudiantes sobre el trabajo que se había desarrollado en el Plan Tojolabal y el Plan de La Selva para ver si era posible que hicieran ahí su servicio social. Era uno de los pocos que todavía continuaban la lucha por la pervivencia de los modelos.

—Lleguen a Comitán a casa de la doctora Malena, —les indicó—. Ella las va a atender, yo le avisaré por teléfono.

—La que quiera ir tendrá que pagarse sus pasajes y todos sus gastos. ¿De acuerdo?

Aun así las jóvenes se animaron a acudir. Había entusiasmo, curiosidad, expectativas.

En Comitán las recibió la que conocieron sólo como la doctora Malena. Esta médica se reunía los fines de semana con algunos integrantes de los comités de salud fundados por el Modelo, les daba asesoría y les enseñaba a administrar los pocos medicamentos con que contaban. Ella les avisó de la llegada de las médicas para que las llevaran a las comunidades.

Durante los tres días que duró el viaje, la brigada visitó las comunidades de 20 de Noviembre, Santa Marta, Amparo Aguatinta y Justo Sierra, del municipio de Las Margaritas. Con tristeza vieron el abandono en que se encontraba todo. Las comunidades mantenían limpias y arregladas las casas de salud, pero ya no había pasantes. Los comités de salud formados con anterioridad por el modelo, se desempeñaban lo mejor que podían, aunque no les era posible sustituir al médico y los medicamentos se agotaban. Cada vez conseguían un suministro más escaso. La doctora Calette no podía ocultar a las jóvenes la falta de apoyo que se notaba por doquier.

Hubo revuelo entre los habitantes de las comunidades al arribo de las doctoras.

—¿Van a venir otra vez?

Era penoso explicarles que sólo estaban de paso.

Hicieron la última visita a la comunidad de Justo Sierra. Ahí había electricidad y por medio de un micrófono llamaron a la gente para que se reuniera

Desde la casa de salud vieron bajar por la ladera en largas hileras, ancianos, hombres, pero en especial mujeres que llevaban a sus niños a consulta. Llegaron incluso refugiados guatemaltecos. Se había desatado una fuerte epidemia de sarampión y no sólo habían muerto muchos niños, sino también adultos.

Estaban todos muy contentos, creían que los pasantes llegaban de nuevo a trabajar con ellos, que se reanudaba el servicio médico y con él la actividad que había promovido en las comunidades.

—Necesitamos medicinas, necesitamos vacunas.

—No han venido enfermeras a vacunar. Se nos están muriendo los niños.

Costó mucho hacerles entender que las doctoras no podían quedarse.

—Podemos atenderlos ahora, pero mañana nos vamos. Sólo vinimos en visita de observación.

—¿Y qué vamos a hacer nosotros? Necesitamos médico.

—Mis niños están mal. ¿Quién los va a atender?

No había respuesta satisfactoria. La doctora Calette se daba cuenta de que el panorama no era como para entusiasmar a las jóvenes que habían acudido con ella.

Estuvieron dando consulta muchas horas, desde el medio día en que llegaron y hasta después de las once de la noche. La gente estaba triste y decepcionada, frustrada por el abandono.

Durmieron ahí mismo como pudieron, unas en el suelo y otras en la angosta cama de la casa de salud.

A las cinco de la madrugada llegaron a despertarlas los del comité de salud para llevarlas a la carretera a tomar el autobús que iba a Comitán. Se levantaron rápido, no se habían desvestido siquiera.

Afuera hacía frío y caía una llovizna tupida. Ellas no iban preparadas, llevaban pantalón de mezclilla y blusas ligeras, su bata blanca y suéteres delgados.

—Apúrenle, el camión ya no tarda y si se va no vuelve a pasar hasta mañana.

Por más que querían ir de prisa, no podían. Su calzado no era adecuado para caminar por la vereda lodosa. Se resbalaban, los zapatos se les quedaban en el barro espeso, pegajoso. Iban, además, empapadas y con frío.

Uno de los campesinos se adelantó corriendo para llegar a la carretera. El autobús venía ya. Le hizo la parada y lo detuvo hasta que llegaron las doctoras. El otro subió con ellas para acompañarlas hasta Comitán. El entusiasmo conque emprendieron el viaje se había esfumado.

—Cómo es posible que exista una situación así comentaba alguna. —Nunca me lo hubiera figurado.

—¿Qué posibilidades hay de que hagamos aquí el servicio social, doctora Calette ?

—No sé, depende de que haya apoyo, pero al parecer ya no lo hay.

—Yo ya no vendría, después de lo que he visto. No creo resistir.

Se acurrucaron en los asientos intentando dormir. La

doctora Calette no dormía. Pensaba en la hermosa labor que se había dejado perder. Era como si un viento helado, indiferente, hubiera barrido con lo que tantos y con tanto amor y esfuerzos habían construido. Pensaba en que algo muy grande se había malogrado.

—¿Por qué, para qué?

El autobús zumbaba recorriendo las pronunciadas curvas. Poco a poco iba cesando la lluvia. Al final goteaba desde las ramas de los pinos en un ambiente que se le antojaba preñado de honda melancolía. Como dicen los tojolabales, estaba triste su corazón.

Más adelante se toparon con niebla que se fue esfumando conforme iba saliendo el sol. El paisaje de la montaña chiapaneca recobraba su verdor esplendoroso. Los bosques parecían venir al encuentro del autobús y abrirse para dejarle paso.

Eran alrededor de las nueve de la mañana y ya empezaba el calor. El conductor del vehículo vio venir trotando hacia la carretera a un hombre doblado bajo un costal de maíz. Estas cargas pesan unos ochenta kilos, a veces casi el doble que los indios, delgados y de corta estatura. Empezó a frenar para esperarlo.

—Súbete. Abro la puerta de atrás para que metas la carga, —le gritó.

El hombre siguió con el mismo trote.

—¡Ayúdenme! No puedo detenerme.

El chofer frenó del todo y varios pasajeros acudieron en su auxilio. Lo detuvieron y le quitaron el bulto porque él ya no podía bajarlo. Libre del peso, permaneció sin embargo rígido, inclinado, sin poder enderezarse ni caminar.

Entre tres jóvenes subieron el pesado costal al autobús por la puerta trasera mientras otros dos ayudaban al indio a abordar el vehículo. Cayó derrengado sobre un asiento, la espalda encorvada igual que cuando soportaba la carga de maíz.

Una de las doctoras se echó a llorar.

México, D.F., abril de 1994 - abril de 1995.

CALIDAD TOTAL

APRECIABLE LECTOR: ESTE LIBRO HA SIDO ELABORADO CONFORME A LAS MÁS ESTRICTAS NORMAS DE CALIDAD. SIN EMBARGO, PUDIERA SER QUE ALGÚN EJEMPLAR RESULTARA DEFECTUOSO. SI ESO OCURRIERA LE ROGAMOS COMUNICARSE CON NOSOTROS PARA REPONÉRSELO INMEDIATAMENTE.

EDAMEX ES UNA EMPRESA MEXICANA COMPROMETIDA CON EL PÚBLICO LECTOR HISPANOPARLANTE, QUE TIENE DERECHO A EXIGIR DE LAS INDUSTRIAS EDITORAS UNA CALIDAD TOTAL.

LIBROS PARA SER MÁS *LIBRES*

CHIAPAS: LOS INDIOS DE VERDAD quedó totalmente impreso y encuadernado el 20 de marzo de 1998. La labor se realizó en los talleres del Centro Cultural EDAMEX, Heriberto Frías 1104, Col. del Valle, México, D. F., 03100.